Gabriele Kalmbach

111 Orte im Stuttgarter Umland, die man gesehen haben muss

111

emons:

Bibliografische Information der Deutschen Nationalbibliothek
Die Deutsche Nationalbibliothek verzeichnet diese Publikation in der Deutschen Nationalbibliografie; detaillierte bibliografische Daten sind im Internet über http://dnb.d-nb.de abrufbar.

Layout: Eva Kraskes, nach einem Konzept
von Lübbeke | Naumann | Thoben
Kartografie: altancicek.design, www.altancicek.de
Kartenbasisinformationen aus Openstreetmap,
© OpenStreetMap-Mitwirkende, ODbL
Druck und Bindung: B.O.S.S Medien GmbH, Goch
Printed in Germany 2016
ISBN 978-3-95451-855-5
Originalausgabe

Vorwort

Jenseits des Stuttgarter Kesselrands gibt es viel zu entdecken, Zeugnisse aus lange zurückliegender Vorzeit und aus der Gegenwart, Ländliches und Exotisches, Bäuerliches und barocke Pracht, Baumriesen und historische Technik, Fachwerk und fast vergessene Kleindenkmäler, keltische Fürstengräber und römische Gutshöfe, Wacholderheiden und Wasserkraftwerke, altes Handwerk und moderne Kunst – häufig in krassem Kontrast unmittelbar nebeneinander. Historische Weinberge grenzen an Industrieanlagen, die Gründerzeitfabrik steht unweit der mittelalterlichen Stadtmauer, das Krautfeld grenzt an den Stuttgarter Flughafen.

Mit einer Portion Neugier lässt sich im und rund um den verstädterten, dicht besiedelten und industrialisierten Ballungsraum der Landeshauptstadt eine vielgestaltige Kulturlandschaft entdecken. Wo strecken Ihnen Baumgesichter mitten im Wald die Zunge heraus oder grinsen verschmitzt? Wie haben Schwarzbrenner ihren Schnaps destilliert, und welche Ausbruchswerkzeuge halfen Sträflingen aus dem Knast? Wo sollten einst Raketen aus Sperrholz starten? Welcher Missionar sah als erster Europäer den Kilimandscharo? Was hat es mit dem »Ludwigsburger Gschmäckle« auf sich? Wo sind selbst die Toiletten sehenswert? Und in welchem Neckarort bleibt die Kirche im Dorf?

Informative Geschichten und originelle Fotos weisen den Weg zu außergewöhnlichen oder versteckten Orten – zum Storchennest und zum Hechtkopf, zum schiefen Turm und zum Vulkan-Embryo. 111 unterhaltsame und spannende Fundstücke, das sind 111 Anregungen, Unbekanntes und Überraschendes rund um Stuttgart zu entdecken.

111 Orte

Zinc.
raspat.

1 Die Baumgesichter

Ein Fratzenweg im Wald

Einstein, wie immer gut erkennbar an der weit herausgestreckten Zunge, begegnet den Spaziergängern mitten im Wald. Zahlreiche Baumgesichter, freundlich grinsend oder grimmig schauend, begleiten den Wanderer bergauf. Ob die fröhlichen, frechen, clownesken oder furchterregenden Gesichter wie Neidköpfe vor Unheil schützen (siehe Seite 208), ist allerdings nicht bekannt. Die meisten Wanderer finden beim ersten Mal gar nicht alle Gesichter. Entlang des »Fratzenwegs«, wie manche den etwa zweieinhalb Kilometer langen Waldweg hinauf zur Alten Kelter und vorbei an der Kleingartenanlage bis zum Uhlbergturm (siehe Seite 82) nennen, hat Adelbert Bachofer inzwischen drei Dutzend Fratzen erschaffen. Für jede benötigt er zwei bis sechs Stunden Arbeitszeit mit Kettensäge und Stemmeisen.

In Neuenhaus beginnt der Weg beim Wohnhaus und Atelier des Holzschnitzers im Bonländer Weg; nicht zu übersehen sind dort die zahlreichen Werke Bachofers. Teil des Projekts ist auch der hölzerne Wandersmann am Uhlbergturm. Als der große Mammutbaum direkt neben dem Aussichtsturm 2009 gefällt werden musste, blieb nur der drei Meter hohe Stumpf zurück. Im Auftrag des Schwäbischen Albvereins hat Bachofer ihn bearbeitet.

Die vielfach geäußerte Sorge, ob die Bäume durch die Schnitzereien nicht beeinträchtigt werden, ist durchaus berechtigt: Die Rinde eines Baumes ist seine Schutzhülle; verletzt man sie, kann das auch den Baum beschädigen. Schnitzereien schaden dann, wenn eindringende Pilze Fäulnis verursachen. Die Open-Air-Holzschnitzkunst ist also nicht zur Nachahmung empfohlen. Bislang ist aber wohl noch kein Baum wegen des Eingriffs abgestorben.

Den Wulst, der viele Gesichter regelrecht einrahmt, hat aber nicht Bachofer herausgearbeitet, sondern der Baum selbst. Mit diesem »Kallus« genannten Narbengewebe verschließt er seine Wunde und holt sich so über mehrere Jahre zentimeterweise Schnitzfläche zurück.

Adresse Bonländer Weg, 72631 Aichtal-Neuenhaus, www.aichtal.de | **Anfahrt** B 27 bis Abfahrt Metzingen, dann B 312 und L 1185 Richtung Waldenbuch bis Aichtal-Neuenhaus. Start auf Höhe des »Gasthauses zum Uhlberg« (Schönaicher Straße 18). | **Tipp** Das Häfnermuseum in Neuenhaus erinnert an das einst hier bedeutsame Töpferhandwerk.

2 Das Zuchthäusle

Gretchen im Knast

Von der Anhöhe des Schurwalds bieten sich an vielen Stellen wunderbare Ausblicke bis hin zum Albtrauf. Eine schöne Aussicht hatten Frauen, die in Aichschieß im Zuchthäusle landeten, dagegen in keiner Hinsicht. Seitlich der Dorfkirche befindet sich in der Steinmauer eine winzige Zelle, in der nicht nur Verbrecher gefangen gehalten wurden, sondern auch ledige Mütter 14 Tage bei Wasser und Brot verbringen mussten. Die Tafel neben der vergitterten Tür weist darauf hin, dass der Pfarrer sie zuvor bereits »abgekanzelt« hatte. Beim tadelnden Donnerwetter von der Kanzel herab blieb es aber nicht, teils mussten unverheiratete schwangere Frauen im Büßerhemd vor der Gemeinde die »delicta carnis«, ihre fleischlichen Frevel, bereuen, und auch die Obrigkeit verhängte Strafen, von Auspeitschen über öffentliches Anprangern bis zu Geldstrafen durchaus in der Größenordnung eines Jahreslohns.

Ob es mit dieser Art Sittenpredigt zu tun hat, dass »abkanzeln« heute nicht mehr in der neutralen Bedeutung verbreitet ist, sondern für scharf tadeln, ermahnen, ausschelten steht? Was zunächst nur »von der Kanzel herab verkündigen« bedeutete, wurde im 18. Jahrhundert im Sinne der öffentlichen Zurechtweisung negativ verengt.

Welchen sozialen Druck die öffentliche Kirchenbuße und staatliche Unzuchtstrafen einst erzeugten, ist heute kaum vorstellbar. »Sünd und Schande« führten zur gesellschaftlichen Ächtung – und die ledige Mutter musste die Konsequenzen ganz allein tragen. Sodass ledige Schwangere an ihrer ausweglosen Situation verzweifelten und ihre »Missetat« durch Kindsmord zu verheimlichen versuchten. So wird auch Fausts Gretchen zur Tötung ihres Kindes getrieben: Das »arm unwissend Kind« ist die berühmteste literarische Beschäftigung mit dem Thema, mit dem sich neben Goethe und Schiller auch andere Zeitgenossen im 18. Jahrhundert beschäftigten.

Adresse Kirchstraße, 73773 Aichwald-Aichschieß | **Anfahrt** B 10 bis Esslingen, dann L 1150 und L 1201 bis Aichschieß | **Tipp** Die evangelische Pfarrkirche St. Gereon und Margaretha in Aichschieß besitzt frühgotische Wandmalereien aus dem 14. Jahrhundert.

3 Die Dorfkirche

Bauernbarock im Schurwald

Von außen betrachtet unterscheidet sich das kleine Gotteshaus kaum von vielen anderen Dorfkirchen. Betritt man jedoch den Innenraum, so eröffnet sich ein sakraler Raum, der den Besucher durch seine fröhliche Ausmalung in den Bann zieht. Schon durch die Größe ist das Krummhardter Kirchlein eher heimelig als imposant oder gar einschüchternd, erst recht verleihen die bunten, lebensnahen Bemalungen an den Holzbrüstungen von Gestühl und Empore und der Holzdecke dem Inneren eine warme, heitere Note.

Die Ausschmückung der Kirche als barocker Festsaal entspricht so gar nicht dem eher strengen Geist der reformierten Kirche. Doch wo das Bilderverbot, wie es der Protestantismus calvinistischer Prägung vorschrieb, nicht ganz so streng galt, finden sich teils prächtig ausgemalte evangelische Pfarrkirchen. Im Gegensatz zum üppigen, prunkenden katholischen Barock der Schlösser und Klöster lernt man in Krummhardt die volkstümliche Variante kennen, wie sie auch an Bauernhäusern in Bayern und Böhmen und einigen protestantischen Pfarrkirchen in Osthessen zu finden ist. Motive aus der bäuerlichen Welt bringen den evangelischen Glauben zum Ausdruck, die Kanzel trägt Bibelzitate als Aufschriften, auch die Holzdecke ist farbig bemalt.

Unabhängig von der Konfession – in Aichwald ist es nicht leichter als anderswo, die historischen Kirchen in Schuss zu halten. Für die hübsche Dorfkirche in Krummhardt schrieb der Pfarrer Bettelbriefe, um Spenden für die Restaurierung zu erbitten. Zudem muss die evangelische Kirchengemeinde noch für drei weitere Baudenkmäler aufkommen und sorgen. Um den Erhalt auch der Dorfkirchen in Aichelberg, Schanbach und Aichschieß langfristig zu sichern, gründete die Kirchengemeinde die »Vier-Kirchen-Stiftung«. Einen kleinen Grundstock bildet das Stiftungskapital inzwischen, doch man ist auch in Zukunft noch auf weitere finanzielle Unterstützung angewiesen.

Adresse Lindenstraße, 73773 Aichwald-Krummhardt, www.aichwald-evangelisch.de | Anfahrt B 10 bis Esslingen, über Kimmichsweiler und Aichschieß der L 1150 und L 1201 folgen. In Aichwald nach rechts in die Krummhardter Straße abbiegen. | Öffnungszeiten Die Kirche ist tagsüber geöffnet. | Tipp In Aichwald an der Hauptstraße 14 steht im »Landgasthof Hirsch« Bodenständiges auf der Karte – von Trollingerbäckla bis zum Goischterschreck (Zwiebelrostbraten mit Knoblauch).

4 Der Venusberg

Wo Schafe zählen

Vierbeiner als Landschaftspfleger: Auf den steinigen Böden des Heckengäus hat sich eine ganz besondere Vegetationsform entwickelt, weil hier seit Generationen Schafherden von Weide zu Weide ziehen. Und die offene Landschaft der Wacholderheiden bleibt auch nur so lange erhalten, wie Schäfer ihre Herden weiterhin regelmäßig auf den kargen Böden grasen lassen: Sonst verbuschen die Flächen in kurzer Zeit.

Rund um die Kuppe des 537 Meter hohen Venusbergs erstreckt sich eine große, unter Naturschutz stehende Wacholderheide mit ausgedehnten Trockenrasenflächen. Die markanten immergrünen Wacholderbüsche, die fast wie Figuren wirken, und einzeln stehende Kiefern sind typisch für diese reizvolle, geradezu malerische Landschaft. Entlang des »Heckengäu-Erlebnispfads«, einem knapp 24 Kilometer langen Wanderweg rund um Aidlingen, lenken große, eigens installierte Rahmen den Blick auf Landschaftsbilder, verbunden mit herrlichen Ausblicken.

Durch die traditionelle Schafbeweidung hat sich ein Lebensraum mit einer ganz einzigartigen Flora und Fauna entwickelt, denn die (fast) alles fressenden vierbeinigen Rasenmäher lassen nur besonders hartnäckige Pflanzen stehen, die sich mit Dornen, Stacheln oder Nadeln gegen hungrige Schafsmäuler behaupten. Auch was sich als zu bitter oder scharf erweist, ist vor Schafsverbiss geschützt.

Eine Besonderheit sind auch die Steinriegel. Was wie Geröllhaufen anmutet, sind tatsächlich mühsam von den hier vorkommenden Muschelkalkböden aufgesammelte »Lesesteine«. »Stoabäuch« (Steinbäuche) hießen die Aidlinger früher, weil sie – um Sense und Pflug zu schonen – die Steine von ihren Äckern lasen und sie in der Schürze sammelten. Am Ackerrand wurden sie zu Steinriegeln aufgeschüttet, die heute einen wertvollen Lebensraum für wärmeliebende Tier- und Pflanzenarten bilden, etwa für die selten gewordene Schlingnatter.

Adresse 71134 Aidlingen-Lehenweiler | **Anfahrt** A 81, Ausfahrt Ehningen, dann über Ehningen nach Aidlingen und Lehenweiler (K 1001, K 1066 und K 1063) | **Tipp** Der Bodenlehrpfad bei Lehenweiler bietet für geologisch Interessierte viel Entdeckenswertes. Sportlich Ambitionierte können auf dem Niedrigseil-Parcours ihren Gleichgewichtssinn testen.

5 Die Schlossküche und das Badezimmer

Technische Denkmäler des Wohnkomforts

Das im 12. Jahrhundert gegründete Zisterzienserkloster Bebenhausen gehört zu den schönsten Klosteranlagen in Baden-Württemberg. Es gibt nicht nur einen Einblick in das klösterliche Leben im Mittelalter: Nebengebäude dienten als Jagdschloss und Wohnung des letzten württembergischen Königs. Für Wilhelm II. (1848–1921) wurde Bebenhausen zum dauerhaften Wohnsitz, nachdem er 1918 Stuttgart verlassen musste. Die Revolutionäre hatten den beliebten und volksnahen »Bürgerkönig« abgesetzt. Zwar sicherte ihm die provisorische Regierung umgehend eine jährliche Rente, die Verfügung über sein Privateigentum und das lebenslange Wohnrecht im Jagdschloss Bebenhausen zu, doch tief gekränkt über den erzwungenen Abschied zog sich der König mit seiner zweiten Frau Charlotte von Schaumburg-Lippe dorthin zurück (siehe Seite 128).

Für seine Bedürfnisse hatte das Königspaar das Schloss schon ab 1898 nach damals modernsten Standards umbauen lassen. Der technische Fortschritt machte sich vor allem in Schlossküche und Badezimmer bemerkbar. Im hell gekachelten Bad gibt es weder »goldene« Armaturen noch sonstigen Prunk, dafür sorgen gemauerte Duschkabine und großzügige Badewanne, Bidet und Toilette mit Wasserspülung für luxuriösen Komfort auf der Höhe der Zeit. Die funktionale Schlossküche, ebenfalls Anfang des 20. Jahrhunderts modernisiert, erhielt eine große Herdanlage der Firma Roeder aus Darmstadt. Gesonderte Räume wurden zum Silberputzen und Spülen, als Speise-, Kühl- und Wäschekammer genutzt. Ein Speiseaufzug brachte die zubereiteten Gerichte vom Untergeschoss nach oben. Nach dem Tod Wilhelms II. im Jahr 1921 lebte die Ex-Monarchin noch bis 1946 in Schloss Bebenhausen. Schlossküche und Badezimmer blieben bis heute nahezu unverändert erhalten und gelten als technische Denkmäler.

Adresse Schloss Bebenhausen, Im Schloss, 72074 Tübingen-Bebenhausen, www.kloster-bebenhausen.de | **Anfahrt** B 27 bis Walddorfhäslach, dann B 464 und L 1208 bis Bebenhausen | **Öffnungszeiten** April–Okt. Di–Fr 11–18 Uhr, Sa, So 10–17 Uhr, Nov.–März Di–Fr 14–16 Uhr, Sa, So 11–17 Uhr im Rahmen einer Führung, letzter Einlass jeweils eine Stunde vor Schließung | **Tipp** Exzellente Küche aus regionalen Produkten bringt »Schranners Waldhorn« auf den Tisch. Das Lokal gleich neben dem Kloster liegt an der L 1208.

6 Der Schreibturm

Im wilden Wald des Ranzenpuffers

Einst lauerten im finsteren Wald viele Gefahren – nicht nur des Nachts fürchteten die Menschen Räuber und wilde Tiere, dunkle Mächte und böse Geister. Die Ängste vor dem Unbekannten und Unheimlichen in den früher viel größeren und kaum erschlossenen Wäldern spiegelten sich in Sagen und Spukgeschichten wider. So ging im Schönbuch ein wilder Jäger um, der durch markerschütterndes Gebrüll, lautes Bellen oder Klopfen auf Holz erschreckte und in der Lage war, Tiergestalt anzunehmen. Gefürchtet waren seine wüsten Streiche vor allem rund um Kirchentellinsfurt und Bebenhausen. Weil er die Menschen gern in den »Ranzen pufft«, also heftig in den Leib stieß, erhielt er seinen Namen. Oder er brüllte Schlafenden dermaßen laut ins Ohr, dass sie tagelang taub waren. Derart plötzlich aus dem Schlaf gerissen, sahen ihn die Leute dann als Schwein grunzend davonlaufen. So musste der Ranzenpuffer, einst ein Jäger auf dem Einsiedel (siehe Seite 168), wegen seines gottlosen Lebenswandels viele Jahrhunderte als Geist sein Unwesen treiben. Mitte des 19. Jahrhunderts sei er erlöst worden, heißt es.

Heute ist der 156 Quadratkilometer große Schönbuch mit seinen Buchen- und Eichenwäldern, Wander- und Radwegen, Rasthütten und Feuerstellen, kleinen Bachläufen und Seen ein beliebtes Ausflugsziel und spielt eine wichtige Rolle als Rückzugsgebiet für sonst in der Region selten gewordene Pflanzen und Tiere. Der älteste und kleinste Naturpark Baden-Württembergs besteht seit 1972; zum 25-jährigen Jubiläum wurde im Schreibturm von Kloster Bebenhausen ein Informationszentrum eröffnet. Zu Zeiten der Mönche war in seinem mittelalterlichen Gemäuer die Schreibstube des Klosters untergebracht, später diente er als Gefängnis für Forstfrevler und Wilderer, wovon noch die Kerkertür und die vergitterten Fenster auf der Nordseite zeugen. Heute vermitteln Tafeln, Videos und ein großes Relief Wissenswertes rund um Geschichte, Flora und Fauna im Schönbuch.

Adresse Kloster Bebenhausen, Im Schloss, 72074 Tübingen-Bebenhausen, www.naturpark-schoenbuch.de | **Anfahrt** B 27 bis Walddorfhäslach, dann B 464 und L 1208 bis Bebenhausen | **Öffnungszeiten** April–Okt. Di–Fr 9–17 Uhr, Sa, So 10–17 Uhr | **Tipp** Alljährlich zur Fasnetszeit treiben die Mitglieder der Kirchentellinsfurter Narrenzunft »Ranzenpuffer« ihre Späße.

7 Der Flossi

Immer an der Wand lang

Dort, wo die Enz in den Neckar mündet, liegt Besigheim, umgeben von Weinbergen in Steillagen. Wer durch die Gassen bummelt, entdeckt auf Schritt und Tritt sorgfältig renovierte historische Fachwerkarchitektur. Zu den schönsten noch erhaltenen Bauten gehören das 1459 errichtete hochgiebelige Rathaus und das benachbarte Dreigiebelhaus. Aber auch ein Streifzug durch die benachbarten Altstadtsträßchen lohnt sich – und am Ende oder zwischendurch die Einkehr in einer der zahlreichen Gaststätten wie zum Beispiel in den »Hirsch« in der Kirchstraße.

In der historischen Altstadt gibt es allerdings auch ganz moderne Kunst zu entdecken – auf einem Transformatorenhäuschen kauert ein »Dachreiter« von Anette Mürdter, darüber hangelt sich ein knallroter »Flossi« der Künstlerin rosalie an der alten Stadtmauer empor.

Die in Stuttgart lebende Malerin, Bildhauerin und Objektkünstlerin genießt auch als Bühnen- und Kostümbildnerin internationales Renommee. Markenzeichen ihres facettenreichen Werkes sind der raffinierte Einsatz zeitgenössischer Materialien und neuerdings vor allem großformatige kinetische Lichtskulpturen. Viele ihrer Skulpturen und Installationen sind für den öffentlichen Raum bestimmt – besonders bekannt wurden ihre »Sitz- und Flitzhasen« (siehe Seite 166) sowie die Flossi-Skulpturen, die sie Ende der 1990er Jahre berühmt machten. In Heilbronn erklettern blaue und rote Kunststoffwesen ein Sparkassengebäude, in Düsseldorf demonstrieren mehr als zwei Dutzend Wandkraxler ihre Kletterkünste. Dort wurden die farbenfrohen Flossenmänner in Übergröße zum absoluten Publikumsliebling und Riesenmedienerfolg.

Der Besigheimer Skulpturenpfad wurde 2003 zum 850-jährigen Stadtjubiläum angelegt und später noch durch weitere Kunstwerke ergänzt; fast alle Skulpturen, Plastiken und Installationen markieren repräsentative Standorte wie Enz- und Neckarbrücke, Rathaus- oder Kelterplatz.

Adresse Stadtinformation im Rathaus, Marktplatz 12, 74354 Besigheim, Tel. 07143/80780, www.besigheim.de | ÖPNV Regionalbahn bis Bf Besigheim | Anfahrt A 81 bis Abfahrt Mundelsheim, dann L 1115 bis Besigheim | Tipp Die spätmittelalterliche Badstube im Untergeschoss des Gebäudes Vorstadt 3 wurde bis Mitte des 17. Jahrhunderts betrieben.

8 Die Stauferstele

Stauferitis in Baden-Württemberg

Eine achteckige Steinstele steht vor der Rekonstruktion des römischen Limes, eine in Haguenau im Elsass, weitere in Apulien und Tschechien. Was verbindet all diese Orte mit Besigheim? Die Gedenksteine mit jeweils unterschiedlichen Inschriften erinnern an Stauferstätten, also an Orte, die in der Geschichte der Staufer eine zentrale Rolle spielten.

Das Konzept der Erinnerungsorte stammt von dem französischen Historiker Pierre Nora, der in Frankreich die »Lieux de mémoire« erforscht und in viel beachteten Publikationen dokumentiert hatte. Der Begriff meint viel mehr als geografische Örtlichkeiten, nämlich identitätsstiftende Kristallisationspunkte kollektiver Erinnerung. Als deutsche Erinnerungsorte definierten Historiker später so unterschiedliche Begriffe wie Wartburg, Führerbunker und Mauer, aber auch Karneval, Hausmusik und Feierabend. Gehören also die Stauferstätten zu den Erinnerungsorten?

Ziel des vom Komitee der Stauferfreunde initiierten Projekts war es zumindest, historische Ereignisse aus der Vergangenheit den Lebenden wieder in Erinnerung zu rufen. Die erste Stauferstele wurde am 13. Dezember 2000, dem 750. Todestag des letzten Stauferkaisers Friedrich II., in Fiorentino in Italien eingeweiht. Es folgten Stelen in Deutschland, Österreich, Frankreich und Tschechien als staatenübergreifende, europaweite Vernetzung.

Kritiker monieren, dass über die Jahre zwar über dreißig Stelen errichtet wurden, außerhalb Deutschlands aber bedeutende Orte fehlen, während überproportional viele Denkmäler in Baden-Württemberg stehen, teils sogar an Orten, an denen die Staufer kaum oder keine Spuren hinterlassen haben.

2011 wurde in Besigheim eine Stauferstele in der Altstadt aufgestellt. Gefertigt hat sie wie alle weiteren Markus Wolf aus Stuttgart-Plieningen. Doch während der Bildhauer ganz in der Nähe arbeitet, ist der Bezug der Stadt zu den Staufern sehr weit hergeholt.

Adresse Pfarrgasse 26, Besigheim, www.stauferstelen.net | **ÖPNV** Regionalbahn bis Bf Besigheim | **Anfahrt** A 81 bis Abfahrt Mundelsheim, dann L 1115 bis Besigheim | **Tipp** Mitten im hübschen Ort lädt das »Café-Restaurant Hirsch« an der Kirchstraße 16 zur Einkehr ein.

9 Die Fassadenmalerei

Bunte Quader am Hexentürmle

Nicht nur der Bietigheimer Pulverturm und der Untere Torturm sind Überreste der früheren Stadtbefestigung. Allerdings ist der rechteckige Turmstumpf am Hexenwegle (siehe Seite 28) nicht auf Anhieb als Stadtturm zu erkennen, denn der spätmittelalterliche Teil wurde zweigeschossig mit Wohnungen überbaut (vermutlich Anfang des 19. Jahrhunderts). Die Südseite der Stadtbefestigung wurde durch insgesamt vier kleine Türme geschützt, wobei die Reste zweier weiterer Türme in den Bauten am Marktplatz 7 und Marktplatz 8 zu finden sind.

Ganz außergewöhnlich ist die illusionistische Renaissancebemalung des Turmstumpfs aus dem Jahr 1587. Erhaltene bemalte Festungswerke sind sehr selten: Illusionistische Malerei in der Baukunst – gleich ob aus Renaissance oder Barock – überdauerte aus verständlichen Gründen eher in Innenräumen. Dort war sie nur den Moden der Innenausstattung unterworfen, nicht jedoch der Witterung ausgesetzt. Auch die Fassadenmalerei am Hexentürmle wurde schon mehrfach restauriert. Auf den Putz gemalte Mauerfugen, die Steinquader vortäuschen, finden sich schon in der römischen und mittelalterlichen Architektur. Die Baumeister der Renaissance und besonders des Barocks waren Künstler darin, mit Illusionsmalerei Räume zu erweitern, Marmor oder Kassettendecken zu imitieren oder eine Fassadengliederung mit Simsen, Fenstern und sogar Erkern vorzutäuschen, die lediglich aus Farbe bestanden. Nach italienischen Vorbildern gestalteten die Handwerker die Fassaden teils nicht als bloße Steinimitationen, die Quadermalerei lässt die Steine wie geschliffene Diamanten aussehen. Ähnlich aufwendiges Architekturdekor, auch »Diamantierung« genannt, mit eigenem ästhetischen Wert wurde in Blaubeuren am Kleinen Großen Haus restauriert; auch in Ulm soll es zur Zeit der Renaissance gang und gäbe gewesen sein, mit Fassadenmalerei den Häusern einen repräsentativen Charakter zu geben.

Adresse Hexenwegle, 74321 Bietigheim-Bissingen | **ÖPNV** Regional-Express, S 5 bis Bf Bietigheim-Ellental | **Anfahrt** A 81 bis Ludwigsburg-Nord, dann B 27 bis Bissingen | **Tipp** Das Bietigheimer Stadtmuseum ist im Hornmoldhaus untergebracht, einem prächtigen Fachwerkhaus mit sehenswerter Innenausmalung (Di–Fr 13.45–17.45 Uhr, Do bis 19.45 Uhr, Sa, So, feiertags 10.45–17.45 Uhr).

10 Das Hexenwegle

Hochwasserschutz Marke Eigenbau

Vom historischen Backhäuschen führt unterhalb der südlichen Stadt- und Zwingermauer ein gepflasterter Fußweg entlang, das Hexenwegle. Das Besondere ist weniger der Name, der sich vom Hexentürmle (siehe Seite 26) ableitet, obwohl viele Anwohner der Mettervorstadt ihre Häuser mit Hexenpuppen dekoriert haben. Auffallend sind vor allem die kleinen Brückenzugänge ins Obergeschoss der Häuser. Weil der Zugang an der unteren Seite zur Metter hin bei Hochwasser nicht mehr möglich war, bauten die Bewohner sich an der höher gelegenen Rückseite jeweils gesonderte Eingänge, um auch bei hohen Pegelständen trockenen Fußes in ihre Häuser zu gelangen.

Die Bauten zwischen Metter und Stadtmauer entstanden als »Vorstadt auf dem Krottengraben« ab dem 16. Jahrhundert. Dass weniger bemittelte Bürger und einfache Handwerker sich genötigt sahen, nach außerhalb in hochwassergefährdete Bereiche in der Flussniederung auszuweichen, veranschaulicht, wie eng es innerhalb der sicheren Stadtbefestigung geworden war.

Bietigheim liegt am Zusammenfluss von Enz und Metter, Hochwasser beider Flüsse bedrohen vor allem im Frühjahr zur Schneeschmelze oder bei heftigen Regenfällen die Stadt. Seit der Landesgartenschau 1989 steht ein Gedenkstein in den Metteranlagen, der an mehrere Hochwasser erinnert, von denen Bietigheim-Bissingen betroffen war. Das schlimmste bekannte Hochwasser Ende Oktober 1824 forderte Todesopfer, andere Kerben markieren historische Pegelstände wie im Jahr 1932.

Über die Ufer treten Flüsse aber auch im Sommer, wie zuletzt 2013 – extrem trockene Böden können starke Niederschläge, wie sie in Zeiten des Klimawandels häufiger geworden sind, nicht aufnehmen. Auch zum sogenannten »Weihnachtshochwasser«, wie es Bietigheim 1993 heimsuchte, tragen starke oder lang anhaltende Regenfälle bei, wenn auf gefrorenen oder bereits feuchten Böden nichts mehr abfließen kann.

Adresse Hexenwegle, 74321 Bietigheim-Bissingen | ÖPNV Regional-Express, S 5 bis Bf Bietigheim-Ellental | Anfahrt A 81 bis Ludwigsburg-Nord, dann B 27 bis nach Bietigheim | Tipp Backhäuser wie das aus dem Jahr 1828 am Betteltörle mussten auf königliche Anordnung wegen der Brandgefahr in weniger gefährdeten Randbezirken errichtet werden.

11_Der Japangarten

Der Leibarzt des Tenno

Direkt an der Metter, vor der Kulisse der Bietigheimer Altstadt, lässt sich ein winzig kleines Stück Asien erleben: Der Japangarten mit Bambus, Felsen, Steinlaternen und einem Wasserlauf mit geschwungener Brücke wurde vom japanischen Künstler Jun Suzuki und dem Gartenmeister Mitsuru Tabata für die Landesgartenschau Ende der 1980er Jahre gestaltet. Mit einem Gedenkstein erinnert er zudem an den in Japan hoch geachteten Erwin Bälz (1849–1913): Der in Bietigheim geborene Mediziner war lange Leibarzt des Tenno und der kaiserlichen Familie. Er prägte zudem eine ganze Generation japanischer Ärzte und gilt als Wegbereiter der westlichen Medizin in Japan.

Nach dem Medizinstudium in Tübingen und Leipzig habilitierte Bälz sich 1876. Durch die Vermittlung eines einflussreichen japanischen Patienten wurde er noch im selben Jahr an die Medizinische Hochschule Tokio berufen und unterrichtete dort Schüler in der westlichen Schulmedizin. Zunächst befristet, blieb er fast dreißig Jahre in Fernost und avancierte vom jungen Universitätsprofessor zum beratenden Hofarzt und Leibarzt des Kronprinzen. Eine erstaunliche Karriere, denn Ende des 19. Jahrhunderts waren Ausländer in Japan noch etwas Besonderes. Das Land hatte mehr als zwei Jahrhunderte seine Grenzen geschlossen gehalten; lange Zeit gab es nur wenige, sehr begrenzte Ausnahmen für Ausländer, etwa für Chinesen oder Kaufleute aus den Niederlanden.

Auf seinen Reisen in Japan lernte Erwin Bälz auch die heißen vulkanischen Quellen kennen, wie es sie dort häufig gibt, und beschäftigte sich mit der traditionellen Badekultur. Er erkannte die heilende Wirkung der Schwefelquellen in Kusatsu und begründete damit den Aufstieg des Ortes zu einem der führenden japanischen Kurorte. Darauf gründet die besondere Städtepartnerschaft von Bietigheim zum Kurort Kusatsu in Fernost, die seit Anfang der 1960er Jahre besteht.

Adresse Am Japangarten, 74321 Bietigheim-Bissingen | **ÖPNV** Regional-Express, S 5 bis Bf Bietigheim-Ellental | **Anfahrt** A 81 bis Ludwigsburg-Nord, dann B 27 bis Bietigheim | **Tipp** Die »Caffè-Bar« in der Schieringerstraße 1 ist ein Ableger der beliebten Stuttgarter »Caffè-Bar« und genauso sympathisch.

12 Das Schwätzgässle

Bruddeln, bruddeln, bruddeln

Wird »nix gschwäzd«, ist eigentlich alles in Ordnung. So erklärt sich auch die Redewendung »Net gmotzt isch globt gnuag« in Bezug auf das höchste Lob, zu dem der Schwabe fähig ist. Schweigen spart dem mundfaulen Schwaben Zeit und verursacht entsprechend wenig Missverständnisse. Zwar macht der Schwabe nichts lieber als »vor sich na bruddla« – er jammert, motzt und mault gern leise vor sich hin, um vergessen zu machen, dass es ihm eigentlich gut geht. Doch »schaffe, net schwätze« heißt der schwäbische Imperativ, nicht reden, sondern fleißig arbeiten.

Wenn dann eine Straße Schwätzgässle heißt, sagt das einiges über die Gemütslage in Bietigheim aus. Zudem stehen in der Fußgängerzone nahe dem Unteren Tor die »Schwätzweiber«, eine Skulptur von Karl-Henning Seemann. Ihre Haltung lässt keinen Zweifel daran, dass die beiden Frauen und der Mann »Dagbläddle«, also Klatschbasen, sind. Ist die Altstadt zugleich die »gute Stube« der Bietigheimer? Zumindest in dem Sinne, dass seit Mitte der 1970er Jahre mit viel bürgerschaftlichem Engagement die historische Bausubstanz gerettet wurde und das Bewusstsein dafür, welche Bedeutung öffentliche Plätze für die alltägliche Kommunikation und urbanes Leben haben, wieder wuchs.

Tatsächlich steckt hinter dem vielversprechenden Namen ein ganz profaner Verwaltungsakt: Als es 1975 anlässlich der Vereinigung von Bietigheim und Bissingen zur Doppelstadt notwendig wurde, einige Straßen umzubenennen, machte der Gemeinderat aus der Bietigheimer Friedrichstraße das Schwätzgässle. Übrigens werden Straßen viel häufiger umbenannt als gemeinhin angenommen, und nicht nur aus politischen Gründen. So erhielt ein Bietigheimer Sträßle aus wirtschaftlichem Anlass einen neuen Namen – weil die Postanschrift internationalen Partnern nur mühsam zu vermitteln war, wurde ein kleiner Teil des Posträßles nach einem dort ansässigen Unternehmen umbenannt.

Adresse 74321 Bietigheim-Bissingen | **ÖPNV** Regional-Express, S 5 bis Bf Bietigheim-Ellental | **Anfahrt** A 81 bis Ludwigsburg-Nord, dann B 27 bis Bietigheim | **Tipp** Zur Erinnerung an die große Bedeutung der Enzflößerei schuf Karl-Henning Seemann für den Vorplatz des Bissinger Rathauses den Flößerbrunnen.

13 Das Viadukt

Ein Eisenbahnpionier macht Dampf

Das Zeitalter der Industrialisierung und des Eisenbahnbaus brachte ganz neue Ingenieursarchitektur hervor, die Landschaften und Städte nachhaltig veränderte. Der erste Stuttgarter Bahnhof, der erste Heilbronner Bahnhof, der Albaufstieg bei Geislingen, der erste Rosensteintunnel – alle diese Pioniertaten des Eisenbahnbaus stammen von Carl von Etzel (1812–1865), wie auch zahlreiche Bahnstrecken in Österreich und der Schweiz. Heute ist dieser außergewöhnliche Mann nur noch wenigen ein Begriff, zu Lebzeiten besaß der Baumeister internationales Renommee.

Bald nach seiner Ausbildung zum Architekten in Stuttgart ging Carl von Etzel nach Paris und Wien, wo er mit der Planung von Bahnlinien und den dazugehörigen Bauwerken befasst war und sich rasch einen Ruf als Fachmann für das neue Verkehrsmittel erwarb. 1843, als im Königreich Württemberg mit dem Eisenbahnbau begonnen werden sollte, ereilte von Etzel daher ein Ruf aus der Heimat. Der erfolgreiche Spezialist wurde mit dem Bau der Strecken nach Heilbronn, Esslingen, Ludwigsburg und bis nach Baden und zum Bodensee betraut. Wie schnell und effizient das Organisationstalent Pläne in die Realität umsetzte, davon zeugt auch das imposante Eisenbahnviadukt über die Enz aus dem Jahr 1853. Mit 21 Bögen, 287 Metern Länge und einer Höhe von 33 Metern gehört das Enzviadukt in Bietigheim zu den schönsten Bauten aus der Frühzeit der Eisenbahn – ein technisches Denkmal, über das bis heute die Züge rollen.

Mit der Planung für die Geislinger Steige, der ersten Mittelgebirgsüberquerung Europas, avancierte von Etzel zum europaweit gefragten Experten für topografisch schwierige Strecken. Nach einer Tätigkeit als oberster Ingenieur der Schweizer Zentralbahn in den 1850er Jahren wechselte von Etzel erneut nach Wien, wo er seine wohl berühmteste Eisenbahnstrecke plante: die Brennerbahn. Ihre Eröffnung im Jahr 1867 erlebte er jedoch nicht mehr.

Adresse Holzgartenstraße oder Wobachstraße, 74321 Bietigheim-Bissingen | **ÖPNV** Regional-Express, S 5 bis Bf Bietigheim-Ellental | **Anfahrt** A 81 bis Ludwigsburg-Nord, dann B 27 bis Bissingen | **Tipp** Nicht nur vom Enztalwanderweg ist der große Biergarten des »Paulaner« am Viadukt einen Abstecher wert (Wobachstraße 19).

14 Villa Visconti

Das Haus der Köpfe

Umstritten, wie Kunst im öffentlichen Raum häufig ist, war auch das Bietigheimer Brunnen-Kuriosum, das seit 1987 auf dem Kronenplatz steht. Inzwischen ist das provokative Werk von Jürgen Goertz fast zum Bietigheimer Wahrzeichen geworden. Ein verstört wirkendes Riesenvieh balanciert auf einer überdimensionalen Milchkanne, aus der durch Löcher das Wasser fließt. Technische Elemente machen aus der Milchkuh mit vergoldeten Hörnern, Glotzaugen aus Kunstharz und frivol hochgeschwungenem Euter ein merkwürdiges Mischwesen.

Noch eindeutiger als mit dem »Kuhriosum« hat der Bildhauer der Stadt seinen Stempel am Hillerplatz aufgedrückt. Der unübersehbare, elf Meter hohe »Turm der grauen Pferde« ist nur ein Element des vielteiligen Werkes am und um den Platz am Rand der Altstadt. Statt des 1824 abgerissenen Obertorturms fungieren nun diese vier übereinandergestellten Pferde als Abschluss der oberen Hauptstraße beziehungsweise als Eingangspforte zur Altstadt. Sie stellen keine neue Variante der Stadtmusikanten dar, sondern spielen auf den Bietigheimer Pferdemarkt an und durch ihre wie Rundbögen geformten Beine auch auf das Eisenbahnviadukt (siehe Seite 34).

An der Villa Visconti aus dem Jahr 2002 schließlich, vom Stuttgarter Architekten Jo Frowein und der Architektengruppe fps mit Tonnendach und Klinkerfassade gestaltet, steuerte Jürgen Goertz den Figurenschmuck bei, vor allem zahllose Medaillons in unterschiedlichen Relieftechniken. Das postmoderne Gebäude schmückt nicht nur die namengebende Mailänder Herzogstochter Antonia Visconti, Ende des 14. Jahrhunderts Mitstifterin der Stadtkirche, vielmehr kann der Betrachter Hunderte andere Köpfe entdecken – von Christoph Kolumbus über Le Corbusier, Ferdinand Porsche, Marlene Dietrich, Charlie Chaplin, Golda Meir und Anne-Sophie Mutter bis zum Künstler selbst. Sein viel bestaunter »Kopfsalat für Kunstgenießer« sorgt bis heute für Aufsehen.

Adresse Hillerplatz, 74321 Bietigheim-Bissingen, www.bietigheim-bissingen.de | ÖPNV Regional-Express, S 5 bis Bf Bietigheim-Ellental | Anfahrt A 81 bis Ludwigsburg-Nord, dann B 27 bis Bietigheim | Tipp Ein berühmter Kopf ist auch Friedrich von Schiller – das Restaurant im gleichnamigen Romantik Hotel hat sich aber ganz zeitgenössischen Genüssen verschrieben (Marktplatz 4/5).

15_Das Württemberger Wappen

Hirschstangen und Heidenkopf

Das Landeswappen des Herzogtums Württemberg am Bietigheimer Schloss zeigt stolz die Gebiete an, die im Jahre 1709 zum Territorium gehörten. Rund um das Stammwappen des Hauses Württemberg, die drei liegenden Hirschstangen im Herzschild in der Mitte, sind zu sehen: das Rautenmuster als heraldisches Zeichen der Herzöge von Teck und der Adler als Hinweis auf die Reichssturmfahne der freien Stadt Markgröningen. Der rot gekleidete Mann mit der Mütze, ein »Heidenkopf«, steht für die Stadt Heidenheim, die Barben für die heute französische Stadt Montbéliard, die als Mömpelgard damals zum Herzogtum Württemberg gehörte. Dies vierteilige Wappen mit Herzschild wurde nur von 1705 bis 1789 verwendet – eine Zeitaufnahme aus der außerordentlich großen Vielfalt der württembergischen Wappengeschichte.

Bei der Gründung Baden-Württembergs stand erneut die Gestaltung des Wappens an. Nach dem Volksentscheid für den Zusammenschluss stritten Einigungsgegner und Befürworter zunächst leidenschaftlich um den Namen für das neue Bundesland. In der Rivalität zwischen Baden und Württemberg fand »Schwaben« keine Mehrheit, und beim »Bindestrichnamen« stellte sich die Frage, wer an erster Stelle stehen dürfe. In so heftigen wie hartnäckigen Kontroversen suchte man anschließend für das Wappen nach einer Lösung – fast ausschließlich mit heraldischen Symbolen, selbst vermeintlich »moderne« Entwürfe orientierten sich an der Historie. Letztlich griff man für den neuen »Südweststaat« zeitlich rund 700 Jahre zurück – auf die gemeinsamen historischen Wurzeln in der Stauferzeit. 1954 wurde das Baden-Württemberger Landeswappen vom Landtag beschlossen: Hirsch und Greif stützen das Wappenschild mit den drei schreitenden Stauferlöwen, bekrönt von den historischen Wappen früherer Landesteile.

Adresse Hauptstraße 81, 74321 Bietigheim-Bissingen, www.bietigheim-bissingen.de | **ÖPNV** Regional-Express, S 5 bis Bf Bietigheim-Ellental | **Anfahrt** A 81 bis Ludwigsburg-Nord, dann B 27 bis Bietigheim | **Tipp** Auf dem Bietigheimer Bahnhofsplatz trägt der »Taxidriver«, eine überlebensgroße Figur von Daniel Wagenblast, keinen Zug, sondern ein gelbes Auto unter dem Arm.

16 Das Fleischermuseum

Fett im Geschäft

Hier geht's um die Wurst: In der nachgestellten Wurstküche aus der Zeit um 1890 stehen Fülltrichter und weitere Hack-, Press- und Mengutensilien für die Wursterei. Beeindruckend sind vor allem die gigantischen schweren Wiegemesser und die große gusseiserne Maschine im Hof.

Im Vogtshaus am Böblinger Marktplatz, einem 1570 erbauten Fachwerkhaus, eröffnete 1984 das Fleischermuseum. Zu den Blickfängen der Sammlung gehören eine kunstvolle Majolika-Verkaufstheke eines städtischen Geschäfts der Jahrhundertwende und eine kleine Landmetzgerei aus dem Jahr 1920, ausgestellt zusammen mit historischen Ladenkassen und alten Waagen.

Prunkgefäße und kostbare Pokale, alte Lehr- und Meisterbriefe, Zunftladen und Fahnen sowie Handwerksgerät dokumentieren die Geschichte des Metzgerhandwerks. In Deutschland entwickelte es sich mit dem Aufkommen der Städte im Mittelalter, denn auf dem Land blieb die Hausschlachtung bis in die Moderne Bestandteil der Selbstversorgung. Fleisch, Wurst und tierische Fette wie Schmalz und Speck waren lange Zeit luxuriöse Lebensmittel, die sich nur die städtische Oberschicht und der Adel leisten konnten. Entsprechend selbstbewusst traten die »Knochenhauer« auf: Die mächtige Zunft der Metzger gehörte zu den angesehensten und wohlhabendsten unter den Standesgemeinschaften der Handwerker.

Bei allem Interesse an der Materie vertrat Museumsgründer Kurt Nagel von Anfang an die Einschätzung, Hackebeilchen und anderes Handwerkszeug allein reichten nicht aus, ein größeres Publikum zu interessieren. Regelmäßig finden deshalb Sonderausstellungen statt, vor allem mit Karikaturisten und anderen Künstlern, die mit Vergnügen Tiere zeichnen. Die Schar der illustren Gäste reicht dabei von Janosch über Mordillo, Uli Stein und Tetsche bis zu Tomi Ungerer. In ihren gezeichneten Grüßen zum 30-jährigen Jubiläum des Fleischermuseums geht es amüsant zu und teils auch – um die Wurst.

Adresse Marktplatz 27, 71032 Böblingen, Tel. 07031/6691691 | **ÖPNV** Regional-Express, S 1 bis Bf Böblingen | **Anfahrt** A 81 bis Ausfahrt Böblingen, dann über die Wolfgang-Brumme-Allee Richtung Altstadt | **Öffnungszeiten** Mi–Fr 15–18 Uhr, Sa 13–18 Uhr, So, feiertags 11–17 Uhr | **Tipp** Thermalwasser aus einer eigenen Quelle speist die Innen- und Außenbecken der Mineraltherme Böblingen.

17 Das Flugfeld

Pioniertage der Luftfahrt

Wo einst auf der Rollbahn Propellermaschinen landeten, erstreckt sich heute der Lange See. Im Flughafentower bietet das Hotel V8 ein außergewöhnliches Ambiente mit Themenzimmern rund um das Automobil, von Carwash bis zur Route 66. In den denkmalgeschützten Flughafenhallen ist die Motorworld ein Anlaufpunkt für nostalgische Autofans und Liebhaber von Oldtimern: In Glasboxen stehen kostbare Automobile und PS-starke Sportwagen, und im Oldtimerzentrum kann man Sammlerstücke erwerben, warten und restaurieren lassen.

Der in kürzester Zeit angelegte Flugplatz wurde zu Kriegszwecken erbaut und eröffnete im August 1915 während des Ersten Weltkriegs. Bis zur Niederlage des deutschen Kaiserreichs militärisch genutzt, forderte der Flugbetrieb in den ersten Jahren zahlreiche Opfer, auch ohne Feindeinwirkung – wegen der häufigen Bruchlandungen starben viele Soldaten, die dort zu Fliegern ausgebildet wurden.

Seine Glanzzeit als ziviler Landesflughafen erlebte das Areal in den 1920er und 1930er Jahren. Im April 1925 landet eine Dornier Do 562 als erste Linienmaschine, 1927 und 1931 sorgen Landungen des Luftschiffs LZ 127 »Graf Zeppelin« für enormes Aufsehen, und auch die Großflugtage ziehen ein Massenpublikum an. Ab 1934 wird Böblingen zudem zum Drehkreuz für die Luftpost bis nach Südamerika.

Im Zweiten Weltkrieg dient Böblingen wieder als Militärbasis – bis zum Untergang des Dritten Reichs. Ab 1945 nutzen die US-Streitkräfte das Gelände für viele Jahre als Reparaturwerk für Panzer und Militärfahrzeuge aller Art, bis Böblingen und Sindelfingen das Areal übernehmen. Seither entsteht auf dem 80 Hektar großen Gelände ein komplett neuer Stadtteil. Aufgrund reger Bautätigkeit umgeben inzwischen leider größtenteils recht einfallslose Büro- und Gewerbebauten, Stadt- und Mehrfamilienhäuser die historischen Gebäude aus den 1920er Jahren.

Adresse Graf-Zeppelin-Platz, 71034 Böblingen, www.flugfeld.info | **ÖPNV** Regional-Express, S 1 bis Bf Böblingen, den Bahnhof nach hinten verlassen | **Anfahrt** A 81 bis Ausfahrt Böblingen, dann Wolfgang-Brumme-Allee | **Tipp** Im »Brauhaus Böblingen« (Lange Straße 20) kann man in einer modern umgebauten alten Lkw-Halle schwäbische Hausmannskost genießen und anschließend die Schönbuch-Brauerei besichtigen.

18 Die Zehntscheuer

Zinnfiguren ziehen in die Schlacht

Zinnfiguren halten die Erinnerung an ein blutiges Ereignis der Böblinger Geschichte wach. Die Dioramen des Zinnfigurenmalers Bernhard Kempin sind beeindruckende Kunstwerke, und angesichts der Qualität der detailgetreu bemalten kleinen Figuren fragt man sich, wie viel Lebenszeit der Böblinger Maler wohl in die Arbeit an der filigranen Schlachtendarstellung investiert hat. Jedenfalls verwundert es nicht, dass der Künstler in Fachkreisen als absoluter Meister seines Genres gilt.

Tausende Bauern verloren beim größten Massenaufstand der deutschen Geschichte vor den Toren der Stadt ihr Leben. In der Zehntscheuer wird an die große Schlacht bei Böblingen am 12. Mai 1525 erinnert, mit der die Revolte eine vorläufige, aber gewaltsame Niederlage erlitt. Die Bauernkriege im 16. Jahrhundert hatten sich aus regionalen Aufständen im Südschwarzwald und am Hochrhein entwickelt und 1525 längst Territorialgrenzen überschritten und auch Württemberg erfasst. Als großer Haufen von mehreren tausend Personen zogen die Aufständischen – Bauern, Landsknechte, aber auch Frauen und Mönche – durchs Land. Ende April nahm die wachsende Menge Stuttgart ein, zog weiter ins Rems- und Filstal und Anfang Mai nach Böblingen und Sindelfingen. Dort geriet die Schlacht gegen den »Bauernjörg« genannten Truchsess von Waldburg und seine Truppen zum Massaker an den nur ungenügend bewaffneten Bauern, die in die benachbarten Wälder zu fliehen versuchten. Innerhalb weniger Stunden war das 15.000 Mann starke Bauernheer vernichtend geschlagen worden. Die Angaben zur Zahl der Opfer schwanken in den Quellen, wahrscheinlich dürfte sie bei etwa 3.000 ermordeten Bauern gelegen haben.

Das Bauernkriegsmuseum beleuchtet die Ziele der Aufständischen, die auch untereinander uneinig waren, dokumentiert Kampf und Niederlage und veranschaulicht die Lebensbedingungen des »gemeinen« Mannes an der Wende vom Mittelalter zur Neuzeit.

Adresse Deutsches Bauernkriegsmuseum, Pfarrgasse 2, 71032 Böblingen, Tel. 07031/6691705, www.boeblingen.de | ÖPNV Regional-Express, S 1 bis Bf Böblingen | Anfahrt A 81 bis Ausfahrt Böblingen, dann Wolfgang-Brumme-Allee Richtung Zentrum | Öffnungszeiten Mi–Fr 15–18 Uhr, Sa 13–18 Uhr, So, feiertags 11–17 Uhr | Tipp In der Zehntscheuer können Kunstinteressierte in der Städtischen Galerie die südwestdeutsche Moderne entdecken.

19 Museum Sophie La Roche

Deutschlands erste Erfolgsautorin

Nur für kurze Zeit hat Sophie La Roche (1730–1807) in Bönnigheim gelebt, wohin sie im August 1770 übersiedelte. Hier ist es der gebildeten und geistreichen Frau zu ruhig und abgeschieden, doch sie nutzt den Aufenthalt und vollendet einen Roman. Der in zwei Teilen im Sommer und im Herbst 1771 veröffentlichte empfindsame Briefroman »Geschichte des Fräuleins von Sternheim« begründet ihren Ruhm als Schriftstellerin.

Zunächst wurde das Buch allerdings gar nicht unter ihrem Namen veröffentlicht. Undenkbar war es zur damaligen Zeit, eine Frau als Autorin zu nennen. Als Herausgeber fungiert Christoph Martin Wieland, Sophies früherer Verlobter und ihr Cousin, mit dem sie einen regen Briefwechsel unterhält. Im Vorwort nimmt er die Autorin ausdrücklich in Schutz, sie habe nur zum Zeitvertreib geschrieben und er sie erst dadurch zur Schriftstellerin gemacht, dass er ihr Werk eigenmächtig zum Druck beförderte.

Das Buch beeindruckt, erschüttert und begeistert die Zeitgenossen durch die psychologisch einfühlsame Darstellung der Charaktere und die Verflechtung der Erzählperspektiven in der Briefform. Der Roman macht Furore, wird mehrfach nachgedruckt und in andere Sprachen übersetzt, Sophie La Roche ist eine literarische Sensation.

Dem hübschen Gebäude in Bönnigheim, in dem das Museum Sophie La Roche untergebracht ist, sieht man nicht mehr an, dass es früher dem Königlich-Württembergischen Oberforstamt als Gefängnis für Wilddiebe und »Waldfrevler« diente. Die Ausstellung präsentiert das bewegte Leben der Schriftstellerin und ihr umfangreiches Œuvre: Es umfasst Romane und Erzählungen, pädagogische Schriften, Reisebeschreibungen und mit der Zeitschrift »Pomona. Für Teutschlands Töchter« die erste Frauenzeitschrift, die von einer Frau herausgegeben und nach ihren Vorstellungen konzipiert war. Doch als Sophie La Roche 1807 stirbt, ist ihr Ruhm schon wieder verblasst.

Adresse Schloßstraße 35, 74357 Bönnigheim, Tel. 07143/273225 | **Anfahrt** A 81 bis Ludwigsburg-Nord, dann B 27 und L 1107 | **Öffnungszeiten** Fr 14–17 Uhr, Sa, So 11–17 Uhr | **Tipp** Im Bönnigheimer Schloss wird die Sammlung Zander mit Werken des Art Brut und der Naiven Kunst präsentiert (Do–So 11–17 Uhr).

20 Das Schnapsmuseum

Schwaben brennt

Hilft Schnaps? Medizinisch nachgewiesen ist, dass der viel beschworene Schnaps nach fettreichem Essen nicht hilft, schneller zu verdauen. Im Gegenteil – je mehr Alkohol, desto langsamer die Verdauung. Dennoch können ein »Klarer« oder Kräuterschnaps Völlegefühl, Bauchkrämpfe und Verdauungsbeschwerden verringern. Verantwortlich dafür ist allerdings nicht der Alkohol, sondern pflanzliche Anteile wie beispielsweise Anis, Ingwer oder Kümmel, deren ätherische Öle besonders gut im Magen wirken.

Im ältesten Gebäude Bönnigheims, dem Ende des 13. Jahrhunderts erbauten Steinhaus, widmet sich ein kleines Museum der Kulturgeschichte des Alkohols im Allgemeinen und der Destillationstechnik im Besonderen. Zwar ist nicht bekannt, wer wann wo den ersten Schnaps brannte, aber schon die Alchimisten des frühen Mittelalters bemühten sich nicht nur, den Stein der Weisen zu gewinnen, um Gold herzustellen, sondern experimentierten auch mit »brennendem Wasser«. Aus einem Fundus von rund siebzig Brennereien werden einige technisch interessante und historisch aussagekräftige Destillationsgeräte präsentiert. Mit Brennblase und Dampfkessel wurde kein Aufwand gescheut, Obst, Trester, Kräuter, Wurzeln oder Getreide in hochprozentige Destillate zu verwandeln.

Initiator und Urheber der »Schnapsidee« ist Kurt Sartorius, der das Museum 1993 eröffnete und seither Besucher gern mit auf eine Zeitreise in die Geschichte nimmt. Dass es ausgerechnet im Südwesten rund 24.000 kleine und große Brennereien gibt, liegt an den Streuobstwiesen. Geistreiche Landschaftspflege, denn so bleiben die alten Obstsorten erhalten!

Ein Museumsbereich ist der illegalen Brennerei gewidmet: Einige beschlagnahmte Destillieranlagen zeugen vom Einfallsreichtum der Schwarz- und Geheimbrenner – so benutzten Gefängnisinsassen Plastikkanister und Tauchsieder als Destillierspirale. Not macht bekanntlich erfinderisch.

Adresse Meiereihof 5–7, 74357 Bönnigheim, Tel. 07143/22563, www.schwaebisches-schnapsmuseum.de | Anfahrt A 81 bis Ludwigsburg-Nord, dann B 27 und L 1107 | Öffnungszeiten Mai–Sept. erster So im Monat 14–17 Uhr | Tipp Von Mai bis September bietet das Mineralfreibad in Bönnigheim Entspannung pur (Bachstraße 40).

21 Das Fürstengrab

Luxus und Lifestyle der Kelten

Sie ist ein Schmuckstück und wäre, gepolstert und mit ein paar gemütlichen Kissen versehen, die Zierde eines jeden Wintergartens. Ansonsten bleibt die keltische Sitzbank aus Bronze ein Rätsel. Diente sie als Sofa oder Bett? Oder handelt es sich um einen Thron? Nirgendwo sonst auf der Welt wurde etwas Vergleichbares gefunden.

Wie das im Hochdorfer Fürstengrab aufgefundene, rund 2.500 Jahre alte Möbelstück beeindrucken insbesondere die Metallarbeiten der Kelten. Fein gearbeiteter Goldschmuck wie Armringe, Halsketten und Ohrgehänge, Gürtelschnallen und aus Bronze geschmiedete Gefäße und Teller zeugen von technischem Können und einem künstlerischen Anspruch, der in der europäischen Vor- und Frühgeschichte seinesgleichen sucht.

Rund um den Hohenasperg belegen Grab- und Siedlungsfunde dessen zentrale Bedeutung in der Eisenzeit. Dass das Grab bei Eberdingen-Hochdorf über die Jahrtausende hinweg unangetastet geblieben war, machte die Entdeckung in den 1970er Jahren zur Sensation. Nicht nur die Goldfunde waren nicht geplündert worden, auch Textilien hatten aufgrund der speziellen Bedingungen in der Grabkammer überdauert.

In einer großen Holzkammer, geschützt von einer Steinschicht, wurde dort ein »Fürst« prunkvoll bestattet, anschließend darüber ein mächtiger Grabhügel aufgeschüttet. Die wertvollen Grabbeigaben dokumentierten den Wohlstand des Keltenfürsten. Gewaltigster Fund neben der eleganten Liege war ein eisenbeschlagener Wagen, ein ungeheuer kostbares Statussymbol. Wein vom Mittelmeer und andere importierte Güter zeugen von weitreichenden Kontakten in den Süden. Noch im Grab war der Fürst für ein Bankett ausgestattet; Geschirr, Trinkhörner und ein riesiger griechischer Bronzekessel mit Honigmet stehen bereit. Rund 400 Meter vom Grabhügel entfernt dokumentiert und erläutert das Keltenmuseum die faszinierenden Funde und führt in die Geschichte der frühen Kelten ein.

Adresse Keltenstraße 2, 71735 Eberdingen-Hochdorf, Tel. 07042/78911, www.keltenmuseum.de | Anfahrt A 81 bis Abfahrt Stuttgart-Zuffenhausen, dann B 10 über Schwieberdingen | Öffnungszeiten Museum: Di – Fr 9.30 – 12 und 13.30 – 17 Uhr, Sa, So, feiertags 10 – 17 Uhr; Außenanlage: jederzeit, außer bei geschlossener Schneedecke | Tipp Im acht Kilometer entfernten Ditzingen-Hirschlanden wurde ein weiterer Grabhügel freigelegt. Daneben steht die dort entdeckte, fast lebensgroße Grabstele eines keltischen Kriegers.

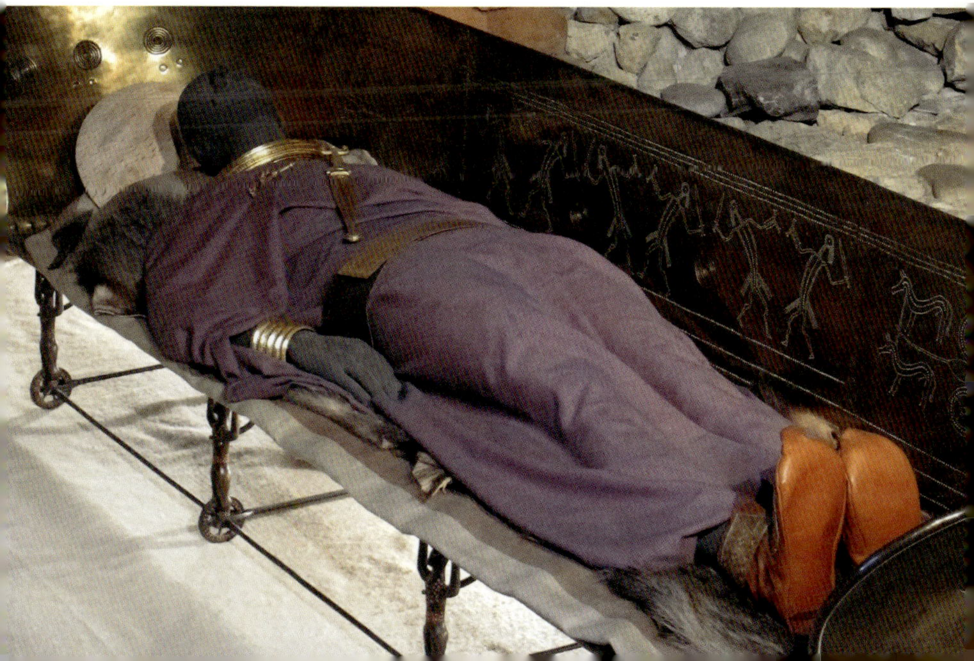

22 Kunstwerk

Die Sammlung Alison und Peter W. Klein

Für Bilder den richtigen Platz zu finden, ist eine Kunst. Das gilt nicht nur für schönes Wohnen und die Dekoration der eigenen vier Wände mit Fotos, Postern oder Gemälden. Auch für Sammler, Kuratoren und Museumsleiter ist die perfekte »Hängung« – von Galeristen bevorzugt »Accrochage« genannt – das zentrale Element einer Ausstellung.

Mit »Hängung #1« eröffneten Alison und Peter W. Klein im Oktober 2007 ihr »Kunstwerk« genanntes Museum in Nussdorf. Der mehrgeschossige Bau mit rund 1.000 Quadratmetern Ausstellungsfläche schließt unmittelbar an die ehemalige Firma des Unternehmers an. Kunstliebhaber Peter W. Klein und seine Frau Alison sammeln seit den 1980er Jahren, mit einem Schwerpunkt auf Fotografie und zeitgenössischer Malerei.

Im Inneren greift die Architektur des Museumsgebäudes Elemente aus dem Industriebau auf. Der Pforzheimer Architekt Folker Rockel hat Ebenen und Treppenaufgänge offen konzipiert, sodass das Haus Dynamik und Leichtigkeit erhält und sich immer neue Blickachsen ergeben. Mit den »Hängung« genannten und durchnummerierten Wechselausstellungen präsentieren die Kunstmäzene und ihre Museumsleiterin Valeria Waibel der Öffentlichkeit immer neue Aspekte aus dem Bestand der umfangreichen, rund 1.900 Werke umfassenden Sammlung.

Schon mehrfach stand die Kunst der Aborigines im Mittelpunkt einer »Hängung«. Die bunten Arbeiten der Aborigines mit ihrer abstrakten und reduzierten Formensprache wirken so faszinierend wie ungewohnt. Für das an westlicher Kunst geschulte Auge sind die Bilder wegen des spirituellen Kontexts kaum zu entschlüsseln: So ist die »Traumzeit«, der Schöpfungsmythos der australischen Ureinwohner, bis heute fester Bestandteil aboriginaler Kultur. Dies hindert die zeitgenössischen Künstler jedoch keineswegs daran, mit Materialien und bildnerischen Ausdrucksmöglichkeiten zu experimentieren und neue Wege zu beschreiten.

Adresse Siemensstraße 40, 71735 Eberdingen-Nussdorf, Tel. 07042/3769566, www.sammlung-klein.de | **Anfahrt** A 81 bis Abfahrt Stuttgart-Zuffenhausen, dann über B 10 | **Öffnungszeiten** Mi–Fr, So 11–17 Uhr | **Tipp** Ein Spaziergang im historischen Stadtkern des nahen Markgröningen erschließt die Vielfalt des Fachwerkbaus vom Mittelalter bis zum Barock.

23 Das Bahnwärterhaus und die Villa Merkel

Weichen stellen

Seine Villa ließ sich der Textilindustrielle Oskar Merkel im Stil der Neorenaissance errichten, zwar im Grünen, aber auch direkt neben der bereits bestehenden Bahnlinie. Das vornehm restaurierte Baudenkmal aus dem Jahr 1873 stammt aus der Epoche des industriellen Aufschwungs in Esslingen und dient der Stadt heute als Galerie für moderne Kunst.

Schon in der Unternehmervilla geht es dem Kunsthistoriker-Team darum, jüngere Positionen der internationalen Gegenwartskunst zu präsentieren und zu diskutieren. Mit Einzel- und Themenausstellungen hat sich die Galerie weit über Esslingen hinaus einen Namen gemacht. »Wozu Bilder?« fragte nach der Rolle und den Gebrauchsweisen von Fotografie in der Gesellschaft, »Better than de Kooning« nach dem Menschenbild in Malerei, Comic und Karikatur, »Obsessionen und surreale Welten« erkundete fantastische Welten zwischen Realität und Traum, »Good Space« widmet sich der Wahrnehmung von politischen, ästhetischen und urbanen Räumen.

Noch stärker als im Hauptgebäude werden im Bahnwärterhaus neue Formen der Kunstvermittlung erprobt, und noch dezidierter bietet es jungen, noch nicht breit rezipierten Künstlern eine Plattform. »Under Construction«, der Titel einer Ausstellungsreihe, steht stellvertretend für das gesamte Konzept: Nicht abgeschlossene Prozesse sind auch die Karrieren und künstlerischen Positionen, die hier vorgestellt werden. Bei den Debütausstellungen in Zusammenarbeit mit der Stuttgarter Akademie der Künste kann womöglich mancher junge Student oder manche Studentin die Weichen für die Zukunft stellen …

Das Kunstfestival »Crossing Media« bespielt neben Villa Merkel und Bahnwärterhaus auch den Merkelpark: Open-Air-Veranstaltungen mit Künstlervideos oder musikalischen Events machen aus dem Landschafts- einen Kunstpark.

Adresse Pulverwiesen 25, 73726 Esslingen, Tel. 0711/ 35122640, www.villa-merkel.de | **ÖPNV** Regional-Express, S 1 bis Bf Esslingen | **Anfahrt** B 10 bis Ausfahrt Esslingen-Zentrum, dann Ulmer Straße | **Öffnungszeiten** Villa Merkel: Di 11–20 Uhr, Mi–So 11–18 Uhr; Bahnwärterhaus: Di–Fr 15–18 Uhr, Sa, So 11–18 Uhr | **Tipp** Das J. F. Schreiber-Museum in der Unteren Beutau gibt Einblick in die Arbeit eines Kinderbuchverlags (Di–Sa 14–18 Uhr, So, feiertags 11–18 Uhr).

24 Die Burgstaffel

Nonnen und Mönche auf dem Dach

Der Aufstieg geht in die Beine: Steil führt die überdachte Staffel am Weinberg entlang hinauf zur »Burg«, die seit 700 Jahren hoch über der Altstadt wacht. Die allerdings nie eine Burg war, sondern ab dem 13. Jahrhundert als Stadtbefestigung errichtet und in mehreren Phasen ausgebaut wurde. Ein grandioser Blick über Stadt und Neckartal entlohnt für die Mühe auf dem 332 Stufen steilen Weg nach oben.

Die imposante Anlage mit Hochwacht und Dickem Turm war einst Teil der umlaufenden Stadtmauer. Rund 50 Türme und 28 Tore prägten das mittelalterliche Stadtbild. Der älteste Teil der Stadtbefestigung auf dem Schönberg, »Seilergang« genannt, besteht aus einer die Bergkuppe sichernden Wehrmauer. Zur Stadt fallen zwei Flügelmauern flankenartig ab, wobei die westliche Mauer mit Wehrgang als »Burgstaffel« bezeichnet wird. Zunächst errichtete man Mauer und Brustwehr, erst später, wahrscheinlich um 1500, erhielt die Burgstaffel die Holzkonstruktion des Dachstuhls. Über die Jahrhunderte musste der Wehrgang immer wieder repariert und erneuert werden, wobei vor allem die Ziegeleindeckung des Dachs eine enorme Herausforderung für den Erhalt und die Sanierung darstellt. Dafür wurden »Nonnen« und »Mönche« verwendet, Dachziegel in Form einer der Länge nach halbierten Röhre – die Wölbziegel mit der Rundung nach unten heißen Nonnen, die darauf gedeckte zweite Lage mit der Rundung nach oben Mönche. Sie decken die Fugen ab und sorgen so dafür, dass kein Wasser eindringen kann. Diese Art der Dachdeckung, schon seit der römischen Antike bekannt, findet man fast nur noch an sehr alten Gebäuden, vor allem an Klöstern, daher wird sie auch »Klosterdach« genannt. In Esslingen wurden – mangels Mönchziegeln – bei Reparaturen in früheren Jahrhunderten Löcher teils einfach zugemörtelt. Fast überall im Süden Deutschlands lösten die flachen Biberschwanzziegel diese ältere Bauweise ab.

Adresse Obere Beutau, 73728 Esslingen | **ÖPNV** Regional-Express, S 1 bis Bf Esslingen | **Anfahrt** B 10 bis Ausfahrt Esslingen-Zentrum, jenseits des Neckars über Kies-, Grabbrunnen-, Ebershalden- und Augustinerstraße, Beutau | **Tipp** Zu Württembergs besten Winzern gehört das Weingut Kusterer in der Beutau unweit der Burgstaffel (Untere Beutau 44, Weinverkauf Di 16–19, Sa 9–13 Uhr).

25 Das Dick

Cocktails im Kesselhaus

Weithin zu lesen ist der Name Dick auf dem Industrieschornstein in der Weststadt. Die historischen Gebäude der einstigen Feilenfabrik stehen unter Denkmalschutz, und »Das Dick« dient heute als Freizeit- und Erlebniszentrum. Neben Kinocenter, Billardsälen, Fitnessstudio und Tanzschule beherbergt das 22.000 Quadratmeter große Areal zahlreiche Kneipen und Restaurants.

Der Aufstieg Esslingens zum wichtigen Industriestandort in Württemberg verdankt sich der günstigen Lage am Neckar, dessen Wasserkraft bis heute genutzt wird; daneben war der Anschluss an das Eisenbahnnetz im Jahr 1845 für viele Wirtschaftspioniere einer der Gründe, hier ihre Unternehmungen zu starten. Mit der Weststadt entstand ein ganzes Industrieviertel mit Fabriken, Unternehmervillen und Arbeiterwohnhäusern. Mitte des 19. Jahrhunderts waren schon mehr Esslinger in Fabriken beschäftigt als in Landwirtschaft, Handwerk und Kleingewerbe zusammen.

Bereits 1778 hatte Johann Friedrich Dick eine Feilenhauerwerkstatt gegründet; rund 100 Jahre später wurde die große Fabrik in der Kollwitzstraße als Produktionsstätte gebaut und 1889 in Betrieb genommen. Seit 1997 befindet sich der Unternehmenssitz in Deizisau. Profiköche schwören auf die scharfen Klingen der Kochmesser, zur Angebotspalette gehören aber auch Feilen und Raspeln, Fleischermesser und Wetzstähle sowie Spezialwerkzeuge für Schuhmacher und Hufschmiede, Graveure und Goldschmiede.

Baulich interessant ist das von Architekt Hermann Falch mehrfach erweiterte Dick-Areal nicht nur aufgrund seiner Historie, sondern auch als Vorreiter moderner Architektur. Der »industrielle Fortschritt« veränderte traditionelle Bauweisen, etwa durch die Verwendung von Backstein als Baumaterial, und erforderte für weitläufige und hohe Maschinenhallen ganz neuartige Konstruktionen. Trotz historistischer Elemente entstand ein für die Zeit ungemein moderner Bau.

Adresse Kollwitzstraße 1, 73728 Esslingen, Tel. 0711/3510564 | **ÖPNV** Regional-Express, S1 bis Bf Esslingen | **Öffnungszeiten** So–Do 10–1 Uhr, Fr, Sa 10–3 Uhr | **Tipp** Die einstige Maschinenfabrik Lorch in der Maillestraße beherbergt heute das Kommunale Kino. Im Sommer wird der Innenhof der Esslinger Burg zum Open-Air-Kino (Programm unter www.koki-es.de).

26 Merkel'sches Schwimmbad

Wasser ist nicht nur zum Waschen da

Dass heute jede Wohnung über ein Badezimmer verfügt, ist eine Entwicklung des 20. Jahrhunderts. Seit dem Mittelalter gab es stattdessen öffentliche Bade- und Waschanstalten: Dort wusch man in großen Wannen Bauch und Kopf und an Waschständen die Wäsche. Die Ära der Volksbäder mit eigenen Schwimmbecken begann erst in der zweiten Hälfte des 19. Jahrhunderts. Wer überhaupt schwimmen konnte, tat dies in Seen oder Flüssen.

Ab den 1850er Jahren erhielten die ersten Städte eine moderne Wasserversorgung und damit fließendes Wasser. Etwa zur gleichen Zeit wurden in Berlin und Magdeburg die ersten Hallenbäder gebaut. Mit Brausebädern dienten sie zwar weiterhin der Körperpflege, radikal neu war aber, dass Wasser hier auch der »Leibesertüchtigung« diente.

Der Esslinger Wollfabrikant Oskar Merkel entschloss sich 1899, seiner Stadt ein Schwimmbad zu stiften. Zunächst verschaffte sich der Unternehmer einen Überblick über moderne Bäder in anderen deutschen Städten, bevor er den Gießener Architekten Hans Meyer beauftragte, der besaß bereits Erfahrung im Schwimmbadbau. 1907 wurde das prächtige Gebäude eingeweiht, heute eines der letzten erhaltenen Jugendstilbäder in Deutschland.

In Esslingen speist eine Mineral-Thermalquelle das Schwimmbecken mit warmem Wasser – das zusätzlich auf 34 Grad Celsius erwärmt wird. Bei der Restaurierung wurden die schönen Jugendstil-Glasgemälde, Stuckdecke, Oktopusbrunnen und andere historische Bauelemente wie das kunstvolle Giebelmosaik an der Außenfassade sorgfältig instand gesetzt und erstrahlen in neuem Glanz. Nur wenige der alten Volksbäder sind noch in Betrieb, das Müller'sche Volksbad in München etwa, das Herschelbad in Mannheim – und das Merkel'sche Schwimmbad, das mit Sportbecken, Sauna und Dampfbad ganz auf heutige Wellnessbedürfnisse zugeschnitten ist.

Adresse Mühlstraße 6, 73728 Esslingen | ÖPNV Regional-Express, S 1 bis Bf Esslingen | Anfahrt B 10 bis Ausfahrt Esslingen-Zentrum, jenseits des Neckars zum B + B Parkhaus in der Adlerstraße 6 | Öffnungszeiten Thermalbad Mo 13–22 Uhr, Di–Do 8–22 Uhr, Fr, So 8–21 Uhr, Sa 8–23 Uhr, Fr 21–23 Uhr FKK | Tipp Hübsche Wohnaccessoires, Schmuck, Küchenartikel – der Concept Store »Pimpinelle« in der Küferstraße 13 lädt zum Stöbern ein.

27 Der Schwäbische Mann

Tragende Eigenschaften – ganz familiär

Zum mittelalterlichen Flair von Esslingens Altstadt tragen die vielen sorgfältig restaurierten Fachwerkhäuser entscheidend bei. Mit den beiden Häusern in der Heugasse 3 und in der Webergasse 8 kann die Stadt sogar die ältesten erhaltenen Fachwerkbauten Deutschlands vorweisen.

Die Zimmermänner im Mittelalter bauten vorzugsweise mit Eichenholz, das mit der Zeit immer härter wird und beinahe die Stabilität und Tragkraft von Eisen erreicht. Besonders wichtig für das tragende Holzstützwerk aus senkrechten und waagerechten Kanthölzern sind schräge Streben als Versteifung sowie die Verbindungen, je nach Konstruktionsart »Verblattung« oder »Verzapfung« genannt. Bis zum Beginn des 16. Jahrhunderts war im deutschen Südwesten das »verblattete Fachwerk« die Regel. Diese Bauweise, früher als »alemannisch« bezeichnet, wurde 1568 von Herzog Christoph von Württemberg verboten: Sie galt als statisch bedenklich – manchmal stürzten Häuser ein – und als brandanfällig. Die neue herzogliche Bauordnung verfügte daher, das Erdgeschoss mit Mauerwerk auszuführen.

Besonders sehenswertes Fachwerk weist das vor 1430 erbaute Alte Rathaus mit seinem mächtigen, dreifach vortragenden Giebel auf. Zahlreiche x-förmige Strebekreuze wirken wie abstrakte menschliche Figuren mit gestreckten Armen und gespreizten Beinen. Am Esslinger Rathaus, eines der frühesten Bauwerke mit dieser Konstruktion, werden die tragenden senkrechten Stützen, im Fachjargon »Ständer« genannt, teils sogar durch Streben in doppelter Ausführung stabilisiert. Diese Konstruktion gab es über Jahrhunderte in regional unterschiedlichen Ausprägungen und Bezeichnungen als Schwäbischer Mann, Fränkischer Mann, Wilder Mann oder Hessenmann. Vom Schwäbischen Männle mit oben und unten verstrebten Ständern unterschieden sich zudem Schwäbisches Weible, bei dem sich die Kopf- und Fußstreben nicht berühren, und Schwäbisches Kindle (nur unten verstrebt).

Adresse Altes Rathaus, Rathausplatz, 73728 Esslingen | **ÖPNV** Regional-Express, S 1 bis Bf Esslingen | **Anfahrt** B 10 bis Ausfahrt Esslingen-Zentrum | **Tipp** Die Deutsche Fachwerkstraße verbindet historische Städte mit prächtigen Fachwerkbauten: Im Raum Stuttgart führt sie von Besigheim über Markgröningen, Marbach und Schorndorf nach Esslingen. Also Augen auf, es gibt hier noch einiges zu entdecken.

28 Sektkellerei Kessler

Gerüttelt, nicht geschüttelt

»In Stuttgart schafft man, in Esslingen lebt man«, behaupten selbstbewusst die Einwohner der Neckarstadt. Dass zur Lebensqualität der Genuss gehört, beweist am besten der beliebte und belebte Ausschank im Innenhof der Sektkellerei Kessler. Nach dem Besuch des samstäglichen Wochenmarkts wird bei einem Gläschen Schampus das Wochenende eingeläutet und der Kreislauf auf Trab gebracht.

Deutschlands älteste Sektkellerei residiert standesgemäß in einem der ältesten Fachwerkgebäude der Stadt, dem denkmalgeschützten früheren Speyrer Zehnthof. Das 1826 begründete Traditionsunternehmen Kessler mitten in der Esslinger Altstadt ist eine Institution. In den über 800 Jahre alten mittelalterlichen Gewölbekellern reifen Blanc de Blancs und Rosé, »Jägergrün« und »Hochgewächs« – teils auf die traditionelle Weise in Flaschen auf der eigenen Hefe. Gegen Ende der Reifephase werden die Flaschen kopfüber auf Rüttelpulte gesteckt und dann regelmäßig von Hand leicht gerüttelt und dabei jeweils etwas gedreht.

Im Jahr 1826 gelang es Georg Christian von Kessler als erstem Deutschen, einen Schaumwein nach der traditionellen »Méthode champenoise« herzustellen, wie er sie zuvor in Frankreich in den Diensten der Veuve Clicquot in Reims kennengelernt hatte. Heute ist die Bezeichnung Champagner für das französische Luxusgetränk geschützt, in Deutschland darf auch der in Flaschengärung hergestellte Schaumwein nur Sekt heißen.

Gustav Schwab notiert in seinen »Wanderungen durch Schwaben« beeindruckt, dass die moussierenden Weine der Weinhandlung der Herren Kessler »durch ganz Europa« versendet werden, und auch der König von Württemberg, Reichskanzler Bismarck und der erste deutsche Bundeskanzler Konrad Adenauer bezogen den deutschen Schaumwein. Die moderne Vinothek der Sektkellerei zeigt, dass hier Traditionsverbundenheit und unternehmerisches Denken mühelos auf einen Nenner gebracht werden.

Adresse Georg-Christian-von-Kessler-Platz 12–16, 73728 Esslingen, Tel. 0711/3105930, www.kessler-sekt.de | **ÖPNV** Regional-Express, S 1 bis Bf Esslingen | **Anfahrt** B 10 bis Ausfahrt Esslingen-Zentrum | **Öffnungszeiten** Sektverkauf: Mo–Fr 10–19 Uhr, Sa 10–16 Uhr; Kellerführungen mit Sektdegustation (circa 90 Minuten): Fr 17 Uhr, jeden ersten Freitag im Monat auch 14 Uhr, Sa 11 und 14 Uhr | **Tipp** Der Feinkostspezialist »Enkel Schulz« setzt auf Produkte aus der Region, von Schokolade bis zu Destillaten (Rossmarkt 1).

29 Die Wasserräder

Klein-Venedig am Neckar

Esslingen vom Wasser aus entdecken – wer hätte gedacht, dass das möglich ist! Auf einer Bootstour über die Neckarkanäle lernt man die Stadt von einer ganz neuen Seite kennen. Neben den Altarmen Rossneckar und Wehrneckar durchziehen Rossneckarkanal und Hammerkanal die Altstadt von Esslingen.

Historikern zufolge soll sich Esslingen diese Topografie mit einem Geniestreich selbst geschaffen haben, lange bevor der Neckar im 19. und 20. Jahrhundert begradigt und zur Wasserstraße ausgebaut wurde. Das Kapellchen auf der Inneren Brücke wurde zwar dem heiligen Nikolaus, dem Patron der Schiffer, geweiht. Doch dass der Neckar an der Stadt vorbeifließt, sei den Wasserbautechnikern des Mittelalters geschuldet. Die nicht namentlich bekannten Ingenieure ließen eine mehr als 200 Meter lange Steinbrücke mit zwölf Bögen südlich der Stadt erbauen, die heute nicht mehr komplette Äußere Pliensaubrücke. Ein großes Wehr lenkte den Fluss um, sodass aus den einstigen Hauptarmen des Neckars Nebenarme wurden.

Ziel des gewaltigen Bauprojekts war es aber keineswegs, aus der Stadt ein Klein-Venedig zu machen. Zwar wird das Fleckchen nahe der Wasserräder heute so genannt, doch dienten die Kanäle über Jahrhunderte gewerblichen Zwecken. Vor allem Mühlen nutzten die Wasserkraft. Auch die denkmalgeschützten historischen Wasserräder am Kesselwasen drehten sich einst für den Mühlenbetrieb beziehungsweise trieben im 19. Jahrhundert Maschinen an. Gegenüber wurde das »Waschhäusle« abgerissen, die historische Stadtmauer freigelegt und von der Stadt eine Uferterrasse mit Bänken direkt am Wasser geschaffen. Die Wasserräder dagegen haben zwei private Tüftler, Roland Merlau und Bernd Spielmann, restauriert und die über 100 Jahre alte Technik wieder instand gesetzt. Zuvor hatten die Wasserräder jahrzehntelang stillgestanden – jetzt speisen sie Strom ins Netz und in eine Ladestation für Elektrofahrzeuge.

Adresse Kesselwasen, 73728 Esslingen | ÖPNV Regional-Express, S 1 bis Bf Esslingen | Anfahrt B 10 bis Ausfahrt Esslingen-Zentrum | Öffnungszeiten Bootstouren auf dem Neckar bieten Nextour und Ralf Weinberger an (www.nextour.de und www.esslingen-erleben.de). | Tipp Im Biergarten des Restaurants »Palmscher Bau« sitzt man nett unter Kastanienbäumen, mit Blick auf Klein-Venedig und die Wasserräder (Innere Brücke 2).

30 Die Wettersäule

Strahlt der Himmel blau und klar …

Wann muss der Regenschirm mit? Usern von Mobiltelefonen mit vorinstalliertem Wetterbericht und von Apps mit Mondphasen, »Regenradar« und »UV-Index« wird es wahrscheinlich schwerfallen, sich ein Leben ohne Wettervorhersage vorzustellen. Und doch ist es noch gar nicht so lange her, dass Prognosen eine gewisse Zuverlässigkeit erreicht haben. An meteorologischen Vorhersagen versuchen sich Menschen seit der Antike – doch obwohl Bauernregeln als Erfahrungswerte eine gewisse Treffsicherheit erkennen lassen, ermöglichen erst Wettersatelliten, zahlreiche Bodenstationen, die eine Vielzahl an Daten messen, und leistungsfähige Computer differenzierte Vorhersagen in der heutigen Form.

Gegen Ende des 19. Jahrhunderts wurden in vielen größeren Städten, Bade- und Luftkurorten wie Baden-Baden, Friedrichshafen oder Bad Wildbad, Wetterstationen errichtet. Meist bestückt mit einer Vielzahl an meteorologischen Instrumenten, sollten sie jeden Bürger oder »Sommerfrischler« in den Stand versetzen, sich selbst ein Bild von den Wetterdaten zu machen. Einige dieser recht unterschiedlich gestalteten Wettersäulen haben die Jahre überdauert, so auch das zierliche Türmchen zwischen Schelztorturm und Rossneckarkanal. Gestiftet 1895 vom Esslinger Verschönerungsverein und nach einem Entwurf von Hermann Falch, dem Architekten des Dick-Areals (siehe Seite 58), errichtet, diente es der Anzeige von Luftdruck und Temperatur.

Neben einer Windfahne, Thermometer und Barometer waren an der Wettersäule noch ein Aneroidbarometer, ein Polymeter zur Messung der Luftfeuchtigkeit und ein Thermometrograf angebracht, der Minimum und Maximum der Temperatur in einem bestimmten Zeitraum angab. Weil die »stumme Sprache« solcher meteorologischen Messgeräte damals noch vielen Menschen kaum vertraut war, wurden vielerorts gleich »leicht fassliche« Hinweise zum Verständnis mitgeliefert.

Adresse Bahnhofstraße, Ecke Schelztorstraße, 73728 Esslingen | **ÖPNV** Regional-Express, S 1 bis Bf Esslingen | **Anfahrt** B 10 bis Ausfahrt Esslingen-Zentrum | **Tipp** Die astronomische Uhr am Alten Rathaus, ein technisches Wunderwerk der Renaissancezeit, zählt zu den ältesten funktionierenden Uhren in Deutschland.

31 Das Dulk-Häusle

Feuerkopf und Frauenliebling

Als junger Mann war Albert Dulk (1819–1884) ein cooler Typ, gut aussehend, sportlich, mit langen Haaren und gepflegtem Bart, stahlblauen Augen, einem lässig geknoteten Schal und schimmernder Samtweste. Den Womanizer nimmt man schon dem Lehrling in der Apotheke seines Vaters und Studenten der Chemie ab, aber in seinem späteren Leben war er viel mehr: schneidiger Burschenschaftler, Revolutionär, Einsiedler, Extremsportler, Sozialdemokrat, Zuchthäusler, Schriftsteller, Atheist, Frei- und Querdenker.

Größeres Aufsehen als seine literarischen Versuche als Dramatiker oder seine »Flucht nach Ägypten«, wo er als Einsiedler in einer Felsenhöhle lebte, erregten seine Lebensgemeinschaft mit drei Frauen und seine sportliche Meisterleistung: 1865 durchschwamm er mit 46 Jahren als erster Mann den Bodensee an seiner breitesten Stelle in sechseinhalb Stunden.

Schon an der 1848er-Revolution hatte Dulk sich aktiv beteiligt und nach ihrem Scheitern wegen drohender politischer Verfolgung im Ausland gelebt. Aus seiner einsamen Berghütte in der Schweiz zieht er nach Stuttgart, wo er 1875 in die Sozialistische Partei eintritt. Mehrfach kandidiert er für den württembergischen Landtag und den Reichstag; das schützt ihn nicht davor, im Jahr 1878 mit fast sechzig Jahren als Verfasser eines Flugblatts und wegen Gotteslästerung zu 14 Monaten Zuchthaus verurteilt zu werden, als erstes Opfer des Bismarck'schen Sozialistengesetzes in Württemberg.

Das Waldhäuschen oberhalb von Esslingen hatte Dulk 1880 angemietet, um dort während der Sommermonate zurückgezogen schreiben zu können. Nach seinem Tod 1884 wurde es zum Kultort für württembergische Sozialdemokraten und Freidenker. Im 20. Jahrhundert geriet das politische Denkmal in Vergessenheit. Erst mit seiner Neuerrichtung 2011 rückte die älteste deutsche Erinnerungsstätte der Sozialdemokratie wieder ins historische Bewusstsein der Stadt.

Adresse Römerstraße, 73732 Esslingen-Wiflinghausen | **Anfahrt** B 10 bis Esslingen-Zentrum, dann Kies-, Wieland-, Rotenacker-, Talstraße Richtung Stetten, bis die Römerstraße nach rechts abzweigt (Ausschilderung zum Jägerhaus) | **Tipp** Östlich des Jägerhauses steht an der Römerstraße die »Eiserne Hand«, ein altes Rechtszeichen der Reichsstadt Esslingen.

32__The Ladies Diner

Pretty in Pink

Einen American Diner mitten im Industriegebiet, den findet man nicht, davon muss man gehört oder gelesen haben. Damit sich ihr Gastrokonzept herumspricht, haben Jennifer Honnef und Nicole Höger im 50er-Jahre-Outfit mit selbst gebackenen Muffins bei den umliegenden Firmen die Runde gemacht und Flyer verteilt. Doch am Tag der Eröffnung kam erst mal niemand. Bis sich nach zwei Stunden der Diner plötzlich im Nullkommanichts füllte und die Kunden draußen Schlange standen. Seither ist mittags viel los und abends noch mehr.

Nicht nur, weil großer Andrang herrscht, geht es hier gesellig und turbulent zu – die beiden »Ladies« hören auch gern laute Musik. Bei einem Rock-'n'-Roll-Konzert haben sich die Bankkauffrau und die Arzthelferin kennengelernt und anschließend mit Businessplan und Bankkredit ihr Unternehmen ganz professionell vorbereitet, bevor sie ihre Jobs aufgaben. Die Inneneinrichtung haben »Schenni« und »Nicki« teils aus Familienbeständen zusammengecastet. Bänke und Tische, unzählige passende Accessoires, alte Fotos und ein stylishes Porträt der beiden Inhaberinnen sorgen für den 50er-Jahre-Look. Dass aus Gästen Stammgäste werden, liegt aber weniger am originellen Ambiente als am liebenswürdigen Team, der herzlichen »It feels like home«-Atmosphäre und der Qualität des Essens. Das Fleisch stammt aus artgerechter Haltung, die Würstchen werden extra von einem Familienbetrieb im Nachbarort gefertigt, das Obst kommt von den Fildern. Alle Saucen sind selbst gemacht, und neben klassischen Burgern und Spareribs gibt es alle Gerichte auch vegetarisch und vegan. Immer neue Specials lassen sich die beiden einfallen, vom Elvis-Burger mit Erdnusssauce und Banane über Kässpätzle-Burger bis zum Filder-Burger mit Sauerkraut. Gefragt sind auch das Pulled Pork und das hausgemachte Chili, Milchshakes und Sweets. Wen wundert's, dass echte Fans inzwischen im Oldtimer vorfahren ...

Adresse The Ladies, Alleenstraße 29, 73730 Esslingen-Zell, Tel. 0711/35840900, www.theladies.de | **Anfahrt** B 10 bis Esslingen-Zell | **Öffnungszeiten** Di–Fr 11.30–14.30 und 17–22 Uhr, Sa 12–20 Uhr | **Tipp** Für die passende Frisur sorgt Bianca Ast mit ihrer »The Bic A Hairgarage« in Stuttgart (Robert-Leicht-Straße 132, Tel. 0711/68681638, www.thebicahairgarage.de).

33 Die Alte Kelter

Kathedrale aus Holz

Von der langen Tradition des Weinbaus in der Region um Stuttgart zeugen die vielen »Alten Keltern«. Während die Winzergenossenschaften sich neue, nicht immer schöne Zweckgebäude als Neue Keltern auf der grünen Wiese errichten ließen, standen die stattlichen Nutzbauten in den Ortschaften oft lange leer. Auch der Denkmalpflege gerieten bäuerliche Nutzbauten, Industriearchitektur und Arbeitersiedlungen erst spät in den Blick. Heute gibt es viele gute Beispiele für die Restaurierung und Umnutzung von Backhäusern, Zehntscheuern, Kornspeichern oder Scheunen. Aus den Alten Keltern in Uhlbach und Horrheim wurden Weinmuseen, in Metzingen fanden in drei der sieben Keltern Weinmuseum, Winzergenossenschaft und Stadtbibliothek ein Domizil.

Schon äußerlich beeindrucken die Ausmaße der im Jahr 1906 errichteten Alten Kelter in Fellbach: Das imposante, heute denkmalgeschützte und aufwendig renovierte Gebäude war zur Bauzeit die größte Gemeindekelter Deutschlands. Betritt der Besucher den ehemaligen Kelterraum, imponiert das gewaltige Tragwerk: Das mächtige und doch filigrane Dachgebälk überspannt eine Fläche von 2.500 Quadratmetern – eine enorme Zimmermannsleistung. Traditionelle Fachwerkbauweise verbindet sich hier mit Dimensionen, wie man sie eher von Industriehallen erwartet.

In Fellbach liefert das historische Ambiente den stil- und stimmungsvollen Rahmen für Ausstellungen und Veranstaltungen – etwa für die »Triennale Kleinplastik«, den »Weintreff« im Februar, bei dem rund fünfzig Weingüter und Genossenschaften aus dem Remstal und aus Stuttgart probeweise ausschenken, was ihre Keller zu bieten haben. Eine kleine Dauerausstellung zeigt historische Exponate aus der Weinbaugeschichte Fellbachs und eine Küferwerkstatt. Wie ein Schwalbennest hängt die einstige Vesperstube für die Winzer im mächtigen Dachgebälk der Alten Kelter, die heute als Vinothek für »Trinken, Essen, Wohlfühlen« sorgt.

Adresse Untertürkheimer Straße 33, 70734 Fellbach, Tel. 0711/575610, www.schwabenlandhalle.de/slh/alte-kelter/ | Anfahrt B 14 bis zur Abfahrt hinter dem Tunnel Kappelberg, der Rommelshauser Straße nach links folgen, im Kreisel geradeaus auf Burgstraße | Öffnungszeiten Vinothek: Mo – Fr ab 16 Uhr | Tipp Auf einer Panoramaroute führt der Weinbaulehrpfad durch die Reblandschaft am Kappelberg. Am Ausgangspunkt Neue Kelter informieren weitere Schautafeln über den Weinbau einst und heute.

34 Das Haus der Rosen

Durch die Blume gesprochen

Eine ganz eigene Spezies Mensch ist der »Rosist«: Neben den weitverbreiteten Rosenliebhabern, Rosenzüchtern und Rosengärtnern bildet der Rosenmensch zahlreiche höchst ausdifferenzierte Unterarten aus, von der Rosenmalerin, Rosenfotografin und Rosenkönigin über den Rosenbürgermeister und Rosenpfarrer bis zur Rosenheiligen. Kein Wunder! Nicht nur die reale Pflanze, ihre Blüten und ihr Duft bezaubern seit der Antike Männer wie Frauen, auch bildende Kunst, Musik und Literatur, Rosenmärchen, Rosenlieder und Rosensymbolik zeugen von der Faszination der am häufigsten verherrlichten »Königin der Blumen«. Und trotz ihrer Dornen gilt die Rose als Symbol der Liebe. Nicht nur Hildegard Knef wünschte sich, es möge für sie »rote Rosen regnen« ...

Zu den »Rosisten« unter den Gärtnern zählt Peter Schwarzkopf. Im Fellbacher Haus der Rosen gibt's täglich frisch geschnittene Rosen im Direktverkauf – von der einzelnen Blüte bis zu üppigen Sträußen und auf Bestellung auch bezaubernde Brautsträuße, Tischdekorationen, Kränze und andere Rosenfloristik für jeden Anlass. Schon Georg Dannecker, der Urgroßvater des heutigen Besitzers und Gärtnermeisters Peter Schwarzkopf, war Gärtner und hatte 1925 ein Grundstück in Fellbach erworben. Wolf Schwarzkopf, Peters Vater, erweiterte die Allround-Gärtnerei mit Topfpflanzen, Blumenbinderei und Friedhofsgartenbau um den Gemüseanbau. Nachdem Peter Schwarzkopf sich selbstständig gemacht hatte, begann er Anfang der 1990er Jahre mit der Anpflanzung von Freilandrosen. Seither kamen sukzessive weitere Sorten hinzu, sodass jetzt über 150 verschiedene Schnittrosen- und 130 Gartenrosensorten im Angebot sind. Gartenliebhaber können bei Rosenseminaren, etwa zum Thema Rückschnitt oder biologische Düngung, vom Know-how der Gärtnerei profitieren, bei Rosenhocketse und Rosenparty zusammen feiern oder am Tag der offenen Tür im Juni an einer Führung teilnehmen.

Adresse Gärtnerei Peter Schwarzkopf, Stuttgarter Straße 115, 70734 Fellbach, Tel. 0711/25963288, www.fellbacher-schnittrosen.de | **ÖPNV** U 1 bis Haltestelle Höhenstraße | **Anfahrt** Bad Cannstatt, über L 1193 (Nürnberger Straße) nach Fellbach | **Öffnungszeiten** Mo–Fr 9–18.30 Uhr, Sa 9–14 Uhr, So 10–12 Uhr (im Sommer, im Winter nur samstags) | **Tipp** In der Weinstube »Moiakäfer« in Fellbach gibt's die Weine angesehener Winzer und zeitgemäß interpretierte schwäbische Küche sowie Saisonales (Rommelshauster Straße 9).

35 Gutenhalde

Mit Salatsauce zur Million

Dem ursprünglich mit Reet gedeckten »niederdeutschen« Bauernhof auf den Fildern, heute ein Therapie-Zentrum für Jugendliche, sieht man nicht an, dass er einst ein skandalträchtiger Ort war. Im Jahr 1950 widmete der »Spiegel« den Unternehmungen des Eigentümers Willy Bürkle (1906–1973) mehrere reißerische Berichte. Dessen Konkurs sorgte vor allem deswegen für Aufsehen, weil Oberbürgermeister Arnulf Klett und Stuttgarter Bankmitarbeiter darin verwickelt waren. Sie hatten immer weitere Kredite durch die städtische Spar- und Girokasse gewährt – am Ende hatte der umtriebige Unternehmer binnen zwei Jahren fast acht Millionen Mark erhalten.

Vor dem großen Krach hatte alles mit Salatsauce angefangen. Der findige Selfmademan zog mit dem Handwägelchen von Haus zu Haus, um seine »Saladine« feilzubieten, die er später tonnenweise an Betriebe und Krankenhäuser lieferte. Den Gewinn steckte Bürkle in immer neue Betriebe: vom Radiowerk über einen Zeitschriftenverlag bis zur Ziegelei. Bei Bonlanden ließ der »Salatmillionär« mit Gutenhalde eine Musterlandwirtschaft mit gekachelten Ställen, Töpferwerkstatt, Sauna und Freibad errichten.

Stuttgarts Oberbürgermeister war von so viel Geschäftstüchtigkeit beeindruckt; mit schwäbischer Prominenz, bundesdeutschen oder amerikanischen Gästen ließ er sich gern dort sehen, hielt gar eine Tagung auf Gutenhalde ab. Doch »Heuschrecke« Bürkle und die Banker hatten sich verzockt, noch unter dem von der Sparkasse bestellten Treuhänder floss das Geld wie Wasser durch ein Leck. Tatsächlich aber war es dem Geldinstitut per Satzung verboten, solch große Summen als Industriekredit zu gewähren. Am Ende wurden im Gerichtsverfahren zwei Bankdirektoren und »König Willy« zu Haftstrafen verurteilt, OB Klett zu einer Geldstrafe, von der er später allerdings wegen »ausreichender Sühne« entbunden wurde. Die Ausfallbürgschaft übernahm der Stuttgarter Stadtrat.

Adresse Gutenhalde 30, 70794 Filderstadt-Bonlanden | **Anfahrt** über B 27 bis Abfahrt Metzingen, ein kurzes Stück über B 312 und K 1225 zurück Richtung Filderstadt, gleich nach der Unterquerung der B 25 scharf links Richtung Freie Waldorfschule | **Tipp** »Im Regenbogen« heißen die sieben farbigen Kussmünder vor der »FILharmonie« in Filderstadt, eine Arbeit von rosalie.

36 Der Tante-Emma-Laden

Wenn an der Tür die Glocke bimmelt …

Hinter der Ladentheke mit Bonbongläsern und Registrierkasse stand früher Marie Adam. In ihrem Tante-Emma-Laden gab es Lebensmittel, Kurz- und Rauchwaren sowie Dinge des täglichen Bedarfs von Waschpulver und Seife bis zu Streichhölzern, Wäscheklammern und anderen kleinen Haushaltshelfern. Solche kleinen Dorfläden waren Alleskönner – aber nicht unbedingt Vorläufer des Supermarkts, denn hier wurde die Kundschaft bedient, man konnte anschreiben lassen, Kinder erhielten Guatsle, zudem gab es vieles noch lose, etwa Kakao, Mehl und Zucker. Ihren Laden in Bonlanden hat Marie Adam (1903–1981) bis 1980 betrieben, erst im Alter von 77 Jahren gab sie ihn aus gesundheitlichen Gründen auf.

Im FilderStadtMuseum sind weitere Interieurs zu entdecken, Küche, Waschküche, Näh- und Schulstube, Werkstätten von Schuster und Bürstenmacher, Wagner und Schmied. Kern des 1985 im benachbarten Backhaus eröffneten und bis 2014 im Alten Rathaus umfassend erneuerten Museums ist die Sammlung des Bonländers Gottlob Häußler (1926–1986). Die fünf Stadtteile von Filderstadt und Wissenswertes zu Themen von der Zeppelin-Landung über den Filderkraut-Anbau (siehe Seite 116) bis zum KZ-Außenlager bei Bernhausen werden so interessant dokumentiert und erläutert, dass das Museum im Herbst 2015 vom Arbeitskreis Heimatpflege als vorbildlich ausgezeichnet wurde. Anschließend lassen sich die fünf Stadtteile auf historischen Rundwegen erkunden.

Dem kleinen Gemischtwarenladen an der Ecke hat Udo Jürgens in den 1970er Jahren einen Song gewidmet, der schon damals nostalgisch war: »Im Einkaufscenter und Discount, da bin ich immer schlecht gelaunt […], da wird das Kaufen zur Tortur, ich geh' zur Tante Emma nur«. Heute eröffnen ausgerechnet in den Großstädten neue, kultig auf altmodisch gestylte Tante-Emma-Läden – manch einer hält den Retrotrend oder zumindest die Wiederentdeckung der Bedienung für die Zukunft des Einzelhandels.

Adresse FilderStadtMuseum, Klingenstraße 19, 70794 Filderstadt-Bonlanden, Tel. 07158/8219 | Anfahrt B 27 bis Filderstadt-Bonlanden, dann Bonländer Hauptstraße und Unterdorfstraße | Öffnungszeiten So 13–17 Uhr, Eintritt frei | Tipp Außen am Alten Rathaus ist ein Neidkopf bemerkenswert; am 1616 erbauten Fachwerkhaus in der Oberdorfstraße 4 sind an den Balkenvorstößen gleich mehrere zu entdecken.

37__Der Uhlbergturm

Aussicht auf die Alb

Bei klarer Sicht ist der Blick vom 25 Meter hohen Aussichtsturm grandios, vor allem auf die »Blaue Wand« der Schwäbischen Alb im Süden. Ursprünglich bot sich ein kompletter Rundblick nach allen Seiten, inzwischen versperren die immer höher wachsenden Bäume teils die Sicht. Der massive Betonturm auf dem 469 Meter hohen Uhlberg am Rand der Filderebene hatte bereits zwei Vorgänger: Einem einfachen hölzernen Aussichtsgerüst aus dem Jahr 1890 folgte 1903 ein etwa 16 Meter hoher Holzturm mit Steinsockel, der fast sechs Jahrzehnte seinen Dienst tat. Anfang der 1960er Jahre wurde er abgerissen, nicht nur weil er baufällig, sondern auch weil damals der Wald schon einmal über ihn hinausgewachsen war.

Dass man heutzutage von vielerlei Turmbauten die Aussicht genießen kann, dazu trug neben den »Verschönerungsvereinen« auch der Schwäbische Albverein maßgeblich bei. Der Vorgängerbau des jetzigen Turms war zwar erst der dritte Aussichtsturm des Schwäbischen Albvereins, nachdem 1896 der Kernenturm und 1899 der Lembergturm errichtet worden waren, doch es kamen viele weitere hinzu. Außerdem betreut der Schwäbische Albverein Wanderheime und eine große Anzahl von Schutzhütten, Wegen, Brücken und Treppenanlagen, Orientierungstafeln und Denkmälern.

Der heutige Uhlbergturm nach Plänen von Architekt Karl Hörz aus Plattenhardt wurde zum 75-jährigen Jubiläum des Schwäbischen Albvereins am 11. August 1963 eingeweiht. Ein beliebtes Ausflugsziel für Radler und Wanderer ist er nicht zuletzt wegen der Grillstelle und Vesperplätze zu seinen Füßen: Im Kiosk kann man am Wochenende und an Feiertagen Würstchen kaufen und gleich grillen. Ein gutes Stück unterhalb des Turms und der Kleingärten steht eine historische Kelter aus dem Jahr 1718, die der Ortsgruppe Bonlanden des Schwäbischen Albvereins heute als Vereinsheim dient. Von dort führt der Fratzenweg (siehe Seite 10) hinunter nach Aichtal-Neuenhaus.

Adresse Bergstraße 2, 70794 Filderstadt-Plattenhardt, http://uhlbergturm.de | Anfahrt B 27 nach Filderstadt-Plattenhardt bis zum Wanderparkplatz Uhlberg, von dort 30 Minuten zu Fuß | Öffnungszeiten Sa 13–18 Uhr, So und feiertags 10–18 Uhr, im Winter nur bis 17 Uhr; Ticket Erwachsene: 50 Cent, Kinder: 25 Cent | Tipp Die »Waldschänke zur Distelklinge« bietet auch draußen auf der Terrasse Kaffee und Kuchen oder schwäbische Gerichte an (Distelklinge 3).

38 Das Afrika-Haus

Ein Kral am Neckar

Am Eingang wachen zwei hohe Massai-Figuren aus Mahagoni. Im Garten warten der Große Häuptling und ein Gentleman im himmelblauen Anzug auf Besucher. Rund um den Bungalow sind weitere bemalte Betonfiguren zu entdecken, besonders eindrucksvoll das farbenfrohe Voodoo-Pantheon. Im Inneren zeigt die Galerie Umuzi knallbunte Quadratmalerei, Gemälde, Aquarelle und Hinterglasmalerei, Ebenholzstelen und Steinskulpturen.

Umuzi steht für Kral, eine kreisförmige Siedlungsform im südafrikanischen Transvaal. Die Galerie als »Kunst-Kral« bietet Platz für neue afrikanische Kunst, von ihren Ursprüngen in den 1920er Jahren bis heute. Dabei umfasst die Sammlung im Afrika-Haus ein breites Spektrum an Kunstrichtungen aus verschiedenen Regionen und stellt auch die Wurzeln der neuen afrikanischen Kunst in alten kulturellen Bräuchen dar.

Für Artur Benseler (1925–2010) war sein Haus immer auch Stätte des persönlichen Austauschs mit Gästen aus aller Welt. Alles begann im August 1957: Als junger Mann startete der spätere Museumsgründer zu einer abenteuerlichen Reise: Im VW Käfer ging es über 40.000 Kilometer rund um den Schwarzen Kontinent. Nach dieser ersten Erkundungstour wuchs das Interesse nur umso mehr: Benseler unternahm viele weitere Reisen, von denen er eine Fülle an Material mitbrachte und damit ein Bild- und Musikarchiv aufbaute. Einen Teil seiner Erlebnisse hat er in dem 1977 erschienenen Buch »Kennen sie Schwäbisch Afrika? Schwätzle und Spätzle bei Landsleuten im Schwarzen Erdteil« geschildert.

Zu Hause im Schwabenland organisierte Benseler Kunstausstellungen und Live-Auftritte afrikanischer Musiker. Hinzu kamen im Rahmen seiner beruflichen Tätigkeit in der Erwachsenenbildung Hunderte von Afrika-Seminaren, stets gut besucht, denn der Wissensdurst war groß, das Allgemeinwissen über Afrika aber noch gering. Und bis heute sind viele afrikanische Künstler für Europäer eine Entdeckung …

Adresse Artur-Benseler-Straße 10, 71691 Freiberg, Tel. 07141/6853910, www.umuzi.de | **Anfahrt** A 81 bis Abfahrt Ludwigsburg-Nord, dann L 1138 und L 1113 | **Öffnungszeiten** April – Okt. erster So im Monat 14 – 17 Uhr | **Tipp** Im nahen Golfclub Monrepos empfängt das Restaurant »La Corte« mit Terrasse direkt am Golfplatz auch Nichtmitglieder gern (Monrepos 21, 71634 Ludwigsburg).

39__Das Chinahaus

Palast des Glücks über den Wolken

Verlassene Orte üben auf manche Fotografen und Künstler einen ganz besonderen Reiz aus. Auf Streifzügen mit der Kamera erkunden sie alte Fabrikhallen, aufgegebene Krankenhäuser und Kasernen, stillgelegte Bahntunnel oder leer stehende militärische Anlagen. Zu den Sammlereifer weckenden »Lost Places« gehört das Chinahaus in Freiberg noch nicht, doch weder über noch unter den Wolken hielt das Glück lange an.

Seit das Chinahaus im Gründelbachtal bei Freiberg vor über zwanzig Jahren erbaut wurde, war es schon mehrmals geschlossen. Zwischenzeitlich sollte es seine Tore als Restaurant und als Kunst- und Designhaus für fernöstliche Wohnkultur wiedereröffnen. Doch der Rechtsstreit zwischen den letzten Besitzern dauert an, und so ist die Zukunft des exotischen Gebäudes ungewisser denn je.

Ursprünglich hatte die Dashi Enterprise Group Dalian die leuchtend rote »Pagode« von chinesischen Fachleuten als Begegnungsstätte und eine Art Visitenkarte für das Unternehmen mit Sitz in der Millionenstadt bauen lassen. Das größte Gebäude dieser Art in Europa, für das die Baumaterialien eigens aus China in die schwäbische Provinz gebracht worden waren, besaß auch einen öffentlich zugänglichen Garten, der nach taoistischen Prinzipien gestaltet war.

Als die Dashi China Centre Insolvenz anmeldete, schloss auch der »Palast des Glücks über den Wolken«. Es folgte ein erster Rechtsstreit zwischen Dashi-Konzern und Freiberg über den Wert der Immobilie, bis das verfallende, wegen Einsturzgefahr gesperrte Gebäude in den Besitz der Stadt überging, der ohnehin das Gelände gehört. Die Anlage wurde verkauft, aufwendig von chinesischen Firmen saniert, 2011 wiedereröffnet – und schloss erneut nach Unstimmigkeiten und juristischen Auseinandersetzungen zwischen den drei Gesellschaftern, die aus ungeklärten Gründen eine Nutzung offensichtlich nicht zulassen. Bleibt zu hoffen, dass sich das bald ändert ...

Adresse Mühlstraße 100, 71691 Freiberg | Anfahrt A 81 bis Abfahrt Ludwigsburg-Nord, dann L 1138 und L 1113 | Tipp Von Freiberg ist es nicht weit zum Hohenasperg. Im politischen Gefängnis auf dem »Demokratenbuckel« und »Tränenberg« saßen schon Revolutionäre und Dichter, Kriegsgefangene und Kommunisten, Widerstandskämpfer und NS-Täter hinter Gittern.

40 Die Wildbienenbäume

Grüne Nachbarschaft im Ballungsraum

Große Zahnstocher für Riesen? Zeitgenössische Kunststelen? Oder Totems für moderne Stadtindianer? Nein: Wildbienenbäume!

Honigbienen kennt jeder. Wenig bekannt ist dagegen, dass es allein in Deutschland über 550 Wildbienenarten gibt. Die kleinsten messen nur etwa anderthalb Millimeter, die größten erreichen eine Länge von drei Zentimetern. Manche Arten ähneln den Honigbienen, andere sehen eher aus wie Wespen. Biologen, die sie auseinanderhalten können, haben ihnen phantasievolle Namen gegeben: Maskenbiene, Hosenbiene, Schwebebiene, Trauerbiene, Pelzbiene, Seidenbiene, Filzbiene, Blutbiene ...

Im Gegensatz zur »domestizierten« Honigbiene, die in großen Völkern zusammenlebt, sind Wildbienen meist Einzelgänger. Sie brauchen Nistplätze in der freien Natur: Manche suchen sich leere Schneckenhäuser, andere »mörteln« Lehmnester an Steine. Viele Arten nutzen als Nistplätze hohle Pflanzenstängel oder Löcher und Ritzen im Holz. In diese Hohlräume legen die Wildbienen ihre Eier und versorgen sie mit Nahrungsvorräten, von denen sich die Larve ernährt, bis sie im nächsten Frühjahr die Brutzelle verlässt.

Im Rahmen der Vernetzung »Grüne Nachbarschaft« schlossen sich Freiberg, Tamm, Ingersheim, Bietigheim-Bissingen, Remseck und Ludwigsburg zusammen. Sie alle realisieren Projekte, die im dicht besiedelten und industrialisierten Ballungsraum für Naturerlebnisse im Grünen sorgen sollen – vom neuen Remseck-Strand (siehe Seite 176) über Obstsortenanlagen bis zur Fischtreppe. In allen sechs Orten der »Grünen Nachbarschaft« wurden diese bearbeiteten Eichenholzsäulen aufgestellt, unter der Mitwirkung vieler Kinder und Jugendlicher, die das Holz farbig bemalt und Tausende von Löchern hineingebohrt haben. Ziel des Wildbienen-Projekts ist es, geeignete Nistplätze zu schaffen und zugleich zu vermitteln, wie nützlich Wildbienen für die Bestäubung von Nutzpflanzen sind.

Adresse Löchlesacker, 71691 Freiberg, www.gruene-nachbarschaft.de | Anfahrt A 81 bis Abfahrt Ludwigsburg-Nord, dann L 1138 und L 1113 | Tipp Mal wieder Minigolf spielen? Eine kleine Anlage liegt nahe Freiberg in Richtung Schloss Monrepos (Monrepos 101, 71634 Ludwigsburg, Mo, Di, Do, Fr 11 – 19, Sa, So 10 – 19, Mi 14 – 19 Uhr).

41 Das Haus der schwäbischen Hausfrau

Heldinnen des Alltags

Tüchtig, gewissenhaft, reinlich und etwas bieder: Wer kennt das Klischee der schwäbischen Hausfrau mit Kopftuch und Kittelschürze nicht, die auf die Einhaltung der Kehrwoche pocht und nie dem Müßiggang frönt? Bundeskanzlerin Angela Merkel zitierte sie als Verkörperung von Sparsamkeit – zur perfekten Haushaltsführung gehöre vor allem, dass man nicht »über seine Verhältnisse« lebe.

Warum gerade die schwäbische Hausfrau sprichwörtlich wurde, erfährt man nicht im Stadtmuseum in Gerlingen, doch was die »Verhältnisse« einer Hausfrau einstmals bestimmte. Vermutlich ist der Beitrag der Waschmaschine zur Frauenemanzipation schon irgendwo gewürdigt worden – in der Waschküche wie anno dazumal zeigt sich, dass am Waschbrett voller Körpereinsatz mit der Bürste gefragt war. Harte Arbeit war auch alles andere: Küchenherd und Waschkessel mussten befeuert, Wasser vom Dorfbrunnen geholt und das Plumpsklo geleert werden. Oft kamen noch Obstwiesen, Gemüsegarten, Ställe und Scheunen hinzu, denn ein Teil der Lebensmittel wurde selbst produziert. Mit Butterschlagen und Einmachen, Putzen und Flicken nicht genug, häufig verdienten die Frauen in Heimarbeit noch etwas hinzu oder mussten in Werkstatt, Gasthof oder Laden mithelfen.

Selbstbestimmt als Frau einen Beruf wählen zu können, war nicht vorgesehen, noch bis 1976 bestimmten die Männer, ob ihre Frauen erwerbstätig sein durften, »soweit dies mit ihren Pflichten in Ehe und Familie vereinbar« war. Während nicht damit zu rechnen ist, dass solche »guten« alten Hausfrauenzeiten wieder modern werden, zeigt das Museum auch Friseur-Utensilien, wie sie gerade in den trendigen »Barbershops« wiederentdeckt werden: Vor der Verbreitung elektrischer Rasierapparate übernahm der Friseur nicht nur das Waschen, Schneiden und Frisieren, sondern auch die Bartpflege mit Messer, Seife und Pinsel.

Adresse Stadtmuseum Gerlingen, Weilimdorfer Straße 9–11, 70839 Gerlingen, Tel. 07156/205366 | **ÖPNV** U 6 bis Haltestelle Gerlingen | **Anfahrt** von Stuttgart-West Richtung Schloss Solitude oder von Stuttgart-Nord B 295 über Feuerbach und Weilimdorf | **Öffnungszeiten** Di 15–18.30 Uhr, So 10–12 und 14–17 Uhr | **Tipp** Das Bauernhausmuseum im Leonberger Stadtteil Eltingen zeigt das Landleben von einst auf einem großen Hof (1. Mai–Mitte Okt. So, feiertags 13–18 Uhr).

42 Die Missionarsstube

Schnee auf dem Kilimandscharo

Schnee in Afrika – das nahm dem Gerlinger zunächst niemand ab. Obwohl sich der 5.895 Meter hohe Kilimandscharo in einer tropisch heißen Region im Nordosten von Tansania befindet, bedecken seinen Gipfel Schneefelder und Gletscher. Einer davon, der Rebmann-Gletscher, ist nach dem Missionar aus Schwaben benannt, dem in der Heimat niemand glauben wollte. Im 400 Jahre alten Fachwerkhaus in der Kirchstraße wurde Johannes Rebmann 1820 als eines von acht Kindern einer Winzerfamilie geboren. Heute erinnert dort die Missionarsstube an sein Wirken und an das weiterer Gerlinger Missionare.

Am 11. Mai 1848 erblickte Johannes Rebmann als erster Europäer den »herrlichen Schneeberg« nach zweiwöchigem Fußmarsch im »Dschaggaland«. Seine Eindrücke notierte der in Basel als Missionar ausgebildete und von einer englischen Missionsgesellschaft ausgesandte Schwabe in seinem Tagebuch, das heute im Gerlinger Stadtarchiv aufbewahrt wird. Knapp dreißig Jahre blieb Rebmann in Ostafrika auf seinem Posten – länger als viele andere, die früher zurückkehrten, an Krankheiten starben oder ermordet wurden. Rebmann betätigte sich auch als Sprachforscher und Geograf: Zusammen mit Jakob Erhard aus Bönnigheim und Ludwig Krapf aus Derendingen fertigte er die erste Karte der Region am Kilimandscharo an. Wie auch andere Missionare trug das Trio Bedeutendes zur Erschließung des Schwarzen Kontinents bei, dessen Inneres damals noch weitgehend unerforscht war.

Bilder der schwarzen Gesteinsmasse des Kilimandscharo mit schneebedecktem Gipfel zieren Banknoten, Briefmarken und Bierflaschen. Doch die Schönheit auf dem höchsten Bergmassiv Afrikas schmilzt: Die Erderwärmung bedroht die weltberühmten Gletscher. Als deutsche Forscher 1880 die gewaltige Eiskappe des Kilimandscharo vermaßen, war sie 20 Quadratkilometer groß. Seither schrumpfte sie um 85 Prozent: Der Rebmann-Gletscher könnte bald der Vergangenheit angehören.

Adresse Kirchstraße 18, 70839 Gerlingen | **ÖPNV** U 6 bis Haltestelle Gerlingen | **Anfahrt** von Stuttgart-West Richtung Schloss Solitude oder von Stuttgart-Nord B 295 über Feuerbach und Weilimdorf | **Öffnungszeiten** So 10–12 und 14–17 Uhr; um vorherige Anmeldung im Stadtmuseum (siehe Seite 91) wird gebeten | **Tipp** Kleider, Shorts, Blusen, Bademode und andere Kindermode bis Größe 176 finden Eltern und Großeltern im »Hänsel und Gretel« (Hauptstraße 16, Di, Do, Fr 10–12.30, 15–18, Mi, Sa 10–12.30 Uhr).

43 Die Schiller-Denkmäler

Der Geruch von Äpfeln

In Gerlingen ehrt man mit Schillerstein, Schillerhöhe und Schillerstraße nicht ausschließlich den berühmten Dichter, an vielen Orten wird der ganzen Familie gedacht. So steht vor dem Stadtmuseum eine Skulptur von Ubbo Enninga, die Johann Kaspar Schiller (1723–1796) zeigt, und an der Kirchstraße ein Brunnen von Jürgen Goertz, an dem man außer dem überlebensgroßen Vater auch den Sohn, die Ehefrau, drei Töchter und einen stilisierten Apfelbaum entdeckt.

Zwei Jahrzehnte lang, ab 1775, leitete Johann Kaspar Schiller als Intendant die herzoglichen Gärten des Schlosses Solitude. Auf Geheiß des württembergischen Herzogs Carl Eugen (1728–1793) unterhielt er dort eine der ersten großen Baumschulen. Von seiner schon in Ludwigsburg betriebenen Ostbaumzucht brachte er 4.000 veredelte Bäumchen mit, denn schon länger beschäftigte sich Johann Kaspar systematisch mit der Verbesserung des Landbaus im Allgemeinen und der Obstveredelung im Besonderen. Seine selbst erarbeiteten Kenntnisse veröffentlichte Schiller in mehreren Büchern. Für sein Hauptwerk »Die Baumzucht im Großen« hielt Tochter Christophine Äpfel und anderes Obst in zauberhaften Aquarellen fest (als Illustrationen im Nachdruck des Buchs im Eugen Ulmer Verlag enthalten).

Christophine, die in der Gerlinger Petruskirche getraut wurde, überlebte Vater und Bruder um mehr als vier Jahrzehnte. Die jüngste Tochter Christiane Karoline Schiller, Nanette genannt, starb dagegen schon 1796, erst 19 Jahre alt. Ihr Vater folgte ihr ein halbes Jahr später im Tode nach. Beide wurden bei der Petruskirche bestattet, an deren Chor außen eine Gedenktafel an die Grabstätte von Vater und Tochter erinnert. Ob Friedrich Schiller auch als Erinnerung an seine Familie immer eine Schublade voller (faulender) Äpfel in seiner Schreibstube hatte, deren Geruch ihm wohltue und ohne den er »nicht leben und arbeiten könne«, wie Goethe später überlieferte?

Adresse Weilimdorfer Straße 9, Kirchstraße und Petruskirche, 70839 Gerlingen | **ÖPNV** U 6 bis Haltestelle Gerlingen | **Anfahrt** von Stuttgart-West Richtung Schloss Solitude oder von Stuttgart-Nord B 295 über Feuerbach und Weilimdorf | **Tipp** Von der Dachkuppel des Schlosses Solitude, teils bei Sonderführungen zugänglich (Termine unter www.schloss-solitude.de), erschließt sich eindrucksvoll die Weite der Gartenanlagen.

44 Die Linde

Tief verwurzelt und weit verzweigt

Imposante alte Baumriesen sind so selten, dass sie meist als Naturdenkmäler ausgewiesen sind und als Fotomotive alljährlich Kalender füllen. Linden können bereits im Alter von rund 200 Jahren einen Stammumfang von bis zu drei Metern aufweisen. Wenn sie von Stürmen und Krankheiten verschont bleiben, erreichen sie teils »biblisches« Alter. Die riesige Linde bei Hildrizhausen, trotz ihres ungeschützten Standorts inmitten von Feldern und Äckern nahe der Würm, ist gut erhalten und wohl um die 400 Jahre alt. Ihren schon 6,75 Meter umfassenden Stamm umgibt eine hölzerne Rundbank. Gleich darüber verzweigt sich der knorrige Stamm zu kräftigen, weit ausladenden Ästen.

Viele Orte besaßen früher eine Dorflinde, die nicht nur als Treffpunkt diente, sondern auch als Gerichtsplatz – und mancherorts als Tanzsaal. Von solchen Tanzlinden mit in den Baum gebauten Holzpodesten für die Dorffeste sind in ganz Deutschland nur einige rare Exemplare erhalten. Später wurden Linden häufig gepflanzt, um an prominente Zeitgenossen oder besondere historische Ereignisse zu erinnern – so pflanzte man Friedenslinden nach dem Ende eines Krieges, in Filderstadt-Plattenhardt etwa nach dem Deutsch-Französischen Krieg im Jahr 1871.

Filderlinden wollte Filderstadt allerdings nicht heißen: Nach dem Zusammenschluss der Dörfer Bernhausen, Bonlanden, Harthausen, Plattenhardt und Sielmingen im Jahr 1975 sollte die damals neue Gemeinde eigentlich den Namen »Filderlinden« erhalten. Doch dagegen regte sich Widerstand, und nach einer Volksabstimmung war der Name aus dem Rennen: Mit einer Mehrheit von fast 64 Prozent votierte die Bevölkerung für Filderstadt.

Ob die markante Winterlinde bei Hildrizhausen, etwas außerhalb des Dorfs, als Gerichtslinde oder als Friedenslinde nach Ende des Dreißigjährigen Krieges 1648 angepflanzt wurde, ist nicht bekannt. Mögen Stürme sie weiterhin verschonen!

Adresse Talstraße, 71157 Hildrizhausen | **Anfahrt** A 81 bis Abfahrt Hildrizhausen, dann K 1000 | **Tipp** Auf der anderen Seite von Hildrizhausen beginnt eine schöne Rundwanderung am Parkplatz Friedhof/Waldhaus, die ins idyllische Goldersbachtal und zur Falkenkopfhütte führt.

45 Der Bahnhof

Die Schönbuchbahn

Am Bahnhof von Holzgerlingen führen nach wie vor die Gleise vorbei. Doch im historischen Gebäude werden längst keine Eisenbahntickets mehr verkauft.

Im Sommer 1911 war die Schönbuchbahn komplett: Das Teilstück von Weil im Schönbuch nach Dettenhausen wurde in Betrieb genommen. Seit 1910 dampfte das »Sauschwänzle« schon von Böblingen nach Weil. Verhältnismäßig spät war die Strecke gebaut worden, weil lange Zwistigkeiten über die Trassenführung vorausgingen: Die »Eisenbahnfrage« sorgte für erregte Gemüter, denn jede Gemeinde bemühte sich um den Anschluss ans Schienennetz in der Hoffnung auf anschließende Industrieansiedlung. In zähem Ringen traten die Dörfer in Konkurrenz zueinander, denn der industrielle Aufschwung der Gründerzeit war bislang am Schönbuch vorbeigegangen – nicht zuletzt durch den Bau der Neckarbahn von Stuttgart über Plochingen und Reutlingen nach Tübingen waren die Schönbuchorte ins Abseits geraten.

In den 1960er Jahren ereilte die Schönbuchbahn das Schicksal vieler württembergischer Nebenstrecken: Der Personenverkehr mit zuletzt neunzig Fahrgästen am Tag wurde eingestellt, nur Güterverkehr gab es noch eine Weile. Damals legte die Bahn als unrentabel eingeschätzte Strecken in ländlichen Gegenden in großem Umfang still und musste sich »Bahnhofskiller« nennen lassen.

Nach erneut langem Weg durch die Instanzen wurde die Schönbuchbahn als erste Nebenbahn in Baden-Württemberg aus ihrem Dornröschenschlaf geweckt und reaktiviert: Seit Dezember 1996 verkehren auf der 17 Kilometer langen, runderneuerten Strecke wieder moderne Triebwagen. Statt Bahnhöfen gibt es allerdings nur noch »Haltepunkte« mit überdachten Wartehäuschen und Fahrkartenautomaten. Der Bahnhof in Holzgerlingen wurde unter Beachtung der Denkmalschutzauflagen zur Gaststätte umgebaut: Mit Blick auf die Eisenbahngleise lässt sich hier ein frisch gezapftes Bier genießen.

Adresse Alter Bahnhof, Bahnhofplatz 1, 71088 Holzgerlingen, Tel. 07031/682796, www.gourmetbahnhof.de | **Anfahrt** A 81 bis Abfahrt Böblingen-Hulb, dann über B 464 | **Öffnungszeiten** Mo–Fr 11.30–24 Uhr, Sa 17–24 Uhr, So 11.30–23 Uhr | **Tipp** Das schmucke Wasserschlösschen Burg Kalteneck kann innen besichtigt werden, wenn dort Kunstausstellungen stattfinden (Schlossstraße).

46__Der Drehort

Kulisse für den Heimatfilm

»Da nuff zu's, de Berg nuff« geht es nach Oberrieslingen, weist der Busfahrer den Weg. Der neue norddeutsche »Paschdor« muss von Unterrieslingen steile Stäffele durch die Weinberge hinaufklettern, um sein Gotteshaus zu erreichen – wo er alsbald im Beichtstuhl Klara Häberle beim Kiffen entdeckt.

Die Dorfkomödie um die Fehde zweier verkrachter schwäbischer Familien, der Häberles und der Rossbauers, kam 2012 ins Kino. »Die Kirche bleibt im Dorf« lebt von abgründigen Geschichten, schrägen Figuren und pointierten Dialogen: Weder »Vaddr« Gottfried Häberle noch seine Töchter Maria und Klara sind auf den Mund gefallen. Dank einer wohldosierten Mischung aus Mundart, Sprachwitz und Situationskomik wird das Schwäbische aus der Bruddelecke geholt. Der heiter-launige Kinospaß kam so gut an, dass auf den modernen Heimatfilm, von Regisseurin und Drehbuchautorin Ulrike Grote größtenteils im Badischen gedreht, die turbulent-skurrile Fernsehserie folgte, vorwiegend im Württembergischen gedreht. So wurde Kleiningersheim zu Oberrieslingen, wo die Häberles im Schloss wohnen und eine Wirtschaft haben – allerdings nur für die Außenaufnahmen. Drehs fanden auch im Schloss von Remseck-Hochberg statt, in der Mundelsheimer Neckarmühle und in einer Ludwigsburger Klinik. Der Steinheimer Lehrhof dient als Heimat der Rossbauers – Vorder- und Rückansicht von zwei verschiedenen Höfen wurden dafür zusammengeschnitten.

Hauptdrehort für die Story um die beiden rivalisierenden Dörfer Oberrieslingen und Unterrieslingen, die sich Kirche und Friedhof teilen müssen, ist Kleiningersheim. Für die Dreharbeiten wurden dort ein Brunnen aufgebaut, Häuser mit aufgeklebtem Fachwerk herausgeputzt, das Keltergebäude neu beschriftet, und die evangelische Georgskirche erhielt einen Beichtstuhl. Einige Ingersheimer schlüpften in Komparsenrollen – als jüngster der Darsteller von Baby Thaddäus.

Adresse Ingersheim-Kleiningersheim | **Anfahrt** A 81 bis Abfahrt Pleidelsheim, dann über Pleidelsheim und Ingersheim | **Tipp** Hoch über dem Neckartal mit Blick über die Weinberge liegt die »Gaststätte Linde« (Austraße 12, Mo 15–23 Uhr, Mi–So 11.30–24 Uhr).

47 Der Museumswengert an der Y-Burg

Das Geheimnis des Ypsilons

Beeindruckendes Wahrzeichen des Weinorts im Remstal ist die Y-Burg, von der allerdings nur die Außenwände noch stehen. Rund um die Ruine, die im frühen 14. Jahrhundert erbaut wurde und heute nur noch von mehr als einem Dutzend Bronzefiguren des Strümpfelbacher Künstlers Karl Ulrich Nuss (siehe Seite 226) bevölkert wird, führt ein ausgeschilderter Weinwanderweg. Die beiden Spitzenlagen der Stettener Weinberge, Pulvermächer und Brotwasser, genießen hohe Wertschätzung. Hier kommt alles zusammen, was eine Weinberglage außergewöhnlich macht: Boden, Sonneneinstrahlung, windgeschützte Lage und alte Reben – sodass die Informationstafel am Weinweg feststellen kann: Die Stettener Rieslingweine aus diesen Lagen gehörten »ohne Übertreibung« zu den bekanntesten in Deutschland.

Auch Bio-Winzer Jochen Beurer hat einen großen Teil seiner Rebflächen mit Riesling bepflanzt. Unterhalb der Y-Burg wagte der Weinmacher ein Experiment und legte einen Museumswengert mit fast ausgestorbenen Rebsorten an. Hier wachsen mehr als ein Dutzend uralte, in Vergessenheit geratene Sorten wie Kleinweiß, Räuschling, Honigler, Adelfränkisch, Blauer Affenthaler, Putzscheere und Heunisch, aus denen Jochen Beurer seine »Rettet die Reben«-Cuvée keltert. Während der »gemischte Satz« in Österreich schon wieder Kult ist, findet man in Deutschland nur noch vereinzelt mit unterschiedlichen Rebsorten bepflanzte Weinberge.

Hinter dem eigentümlichen Namen »Y-Burg« verbirgt sich kein geheimes mittelalterliches Alphabet. Vermutlich geht die Schreibung auf Eibenburg zurück, die sich wiederum vom Althochdeutschen »iwa« ableitet. Was für den immergrünen Nadelbaum Eibe und den Pfeilbogen aus Eibenholz ebenso steht wie für den Bogenschützen – wie er auf einer Burg unverzichtbar war.

Adresse 71394 Kernen-Stetten, www.kernen.de; Weingut Jochen Beurer, Lange Straße 67, 71394 Kernen-Stetten, Tel. 07151/42190, www.weingut-beurer.de | **Anfahrt** über B 14 bis Rommelshauser Straße, hinter Rommelshausen über K 1857 bis Kernen-Stetten | **Tipp** Das mehrfach ausgezeichnete Restaurant »Malathounis« bietet moderne griechische Küche der Oberliga (Gartenstraße 5, Di–Sa 12–14 und 18–23 Uhr).

48 Der Semsakrebsler

Seine sauren Zeiten sind vorbei

»Neckarwein, Schleckerwein« hieß es zwar einerseits, andererseits war die Zahl der derben Witze und drastischen Anekdoten über den sauren Wein aus Württemberger Randlagen Legion. Der Tübinger Wein sei derart sauer, dass er ein Loch in den Magen fresse. Dagegen helfe nur der Reutlinger Wein: Noch saurer, ziehe er den Magen wieder zusammen. Viel Spott als gefürchtete Rachenputzer mussten auch Metzinger oder Neuffener Gewächse ertragen, und der Esslinger Essig galt als trinkbarer als der Rebensaft.

»Semsakrebsler« heißen solche Weine im Schwäbischen: eigentlich der Ausdruck für eine Weinrebe, die zwar malerisch an der Hauswand entlang über den Fenstersims emporklettert, leider aber keinen ordentlichen Wein liefert. Davon abgeleitet ist Semsakrebsler auch der spöttische Ausdruck für einen missratenen, ungenießbaren Wein. Tatsächlich wurden in schlechten Jahren immer wieder Tropfen gekeltert, die den heutigen Qualitätsansprüchen wegen der unangenehmen Säure wohl nicht entsprochen hätten. Nur in den seltenen warmen Jahren waren gute Weine aus dem einheimischen Rebensaft zu erzielen.

Heute ist Wein nicht mehr nur Glückssache, längst kann schlechte Qualität weder dem kalten Klima noch dem lieben Herrgott angelastet werden: Dank größerem Wissen über An- und Ausbaumethoden, Rebsorten und »Terroir«, Ertragsreduzierung und besserer Technik im Keller schmecken Weine heute einfach anders. Überall im Ländle gab es enorme Qualitätssteigerungen, immer mehr Wengerter produzieren Weine der Spitzenklasse. Zudem wird der Generationenwechsel spürbar, international ausgebildete Jungwinzer machen gleich mit den ersten Jahrgängen Furore, in alteingesessenen Betrieben übernehmen Töchter und Söhne das ihnen anvertraute Erbe mit frischen Ideen und räumen bei Wettbewerben immer häufiger Preise ab. Nur der Wein am Spalier neben der Haustür bleibt ein ewiger Semsakrebsler.

Adresse 71394 Kernen-Stetten | **Anfahrt** über B 14 bis Rommelshauser Straße, hinter Rommelshausen über K 1857 bis Kernen-Stetten | **Tipp** Die Königsklasse unter den Weinen sind die Großen Gewächse, wie sie das Weingut Karl Haidle in Kernen-Stetten und andere Prädikatsweingüter aus ihren besten Lagen erzeugen (Hindenburgstraße 21, Mo–Fr 8–12 und 13–18 Uhr, Sa 9–15 Uhr).

49 Der Jakobsweg

Auch Schwaben sind dann mal weg

Pilgern vor der eigenen Haustür: Das ohnehin engmaschige Wanderwegenetz in Baden-Württemberg hat in den letzten Jahren noch erheblich Zuwachs bekommen. Man könnte tagelang zu Fuß unterwegs sein, Natur und Stille erleben und vom Alltag Abstand gewinnen, ohne das Bundesland dabei zu verlassen. Stuttgart und Santiago de Compostela trennen zwar rund 2.000 Kilometer, doch in Anlehnung an die Routen mittelalterlicher Pilger wurden Wanderwege mit der gelben Jakobsmuschel auf blauem Grund beschildert.

Im Mittelalter begaben sich zahllose Pilger, oft in Gruppen, auf eine lange Wanderschaft zum Grab des heiligen Jakob im nordspanischen Santiago de Compostela. In den vergangenen Jahrzehnten haben Pilgerwege in fast ganz Europa eine Wiederbelebung erfahren, zunächst in Spanien und Frankreich. Allerdings folgen die Wanderwege nur näherungsweise den historisch belegten Pfaden: Zum einen verlaufen dort heute teils viel befahrene Straßen, zum anderen gab es exakt festgelegte Routen nur bedingt. Die Pilger des Mittelalters orientierten sich an Handelsrouten und wählten auf ihrem weiten Weg nach Galizien nicht unbedingt die kürzeste Strecke, sondern steuerten möglichst noch zahlreiche weitere religiös bedeutende Orte mit Wallfahrtskirchen oder Reliquien an. So war die Bischofsstadt Konstanz am Bodensee ebenfalls eine wichtige Station.

Die Strecke von Rothenburg ob der Tauber nach Rottenburg am Neckar gehört zu den vier Hauptrouten der Jakobswege durch Baden-Württemberg. Die Region Stuttgart wird bei Backnang erreicht, dann führt der Weg über Weinstadt weiter nach Esslingen. Mit herrlichen Ausblicken zum Albtrauf geht es oberhalb des Neckartals zum Hofgut Einsiedel und via Kloster Bebenhausen zur Jakobuskirche in Tübingen und schließlich zum Dom in Rottenburg. Der Weg ist das Ziel: Für nachhaltige Landschafts- und Pilgererlebnisse muss es nicht gleich bis nach Spanien gehen.

Adresse Hofgut Einsiedel, 72138 Kirchentellinsfurt, www.deutsche-jakobswege.de | **Anfahrt** B 27 bis Kirchentellinsfurt, von dort den braunen Schildern mit weißer Schrift zum Hofgut Einsiedel folgen. Die Jakobswege sind nur in Richtung Santiago de Compostela markiert; das gelbe Strahlenbündel zeigt gleichzeitig die Wegrichtung an. | **Tipp** In einer alten Fabrikhalle in Kirchentellinsfurt realisiert die auch in Tübingen vertretene Designfabrik Hecht Wohnträume (Bahnhofstraße 26, Di–Fr 11–19 Uhr, Sa 10–16 Uhr).

50 Die Bastion

Schießpulver und Kanonenkugeln

Wie der Hohenasperg und der Hohentwiel zählte Kirchheim unter Teck zu den sieben württembergischen Landesfestungen, die Herzog Ulrich von Württemberg im 16. Jahrhundert im weiten Ring um seine Residenzstadt Stuttgart ausbauen ließ. Mit Hohenurach, Hohenneuffen und Hohentübingen handelte es sich dabei um fünf Burgen, die – nach der Erfindung des Schießpulvers und der ständigen Weiterentwicklung der Artillerie – nun modernisiert und verstärkt werden mussten. Zusätzlich wurden die Städte Kirchheim und Schorndorf mit großem Aufwand und enormen Baukosten zu Festungen »aufgerüstet« und von massiven Wallanlagen umschlossen.

Was heute noch in Kirchheim zu sehen ist, war ursprünglich Teil eines mächtigen Verteidigungsbauwerks mit vier Stadttoren und acht Bastionen. Nach den damalig modernsten Erkenntnissen der Festungsbaukunst erhielt die Stadt ein riesiges Schutzsystem aus Kasematten, Wehrgängen, Wassergräben und Wällen. Die aus dem Festungswall vorspringenden Bastionen trugen die schweren Geschütze zur Verteidigung gegen feindliche Angriffe. In vielen Städten erinnern Namen wie die Moritzbastei in Leipzig oder die Bastei am Kölner Rheinufer an die Existenz früherer Bollwerke, die nach dem Dreißigjährigen Krieg aber überall ihre Bedeutung verloren und meist abgetragen wurden.

In Kirchheim hat sich auch der 1968 gegründete »club bastion« nach dem Bauwerk benannt, in dem er untergekommen ist. Von Jazz und Blues über Rock und Pop bis zu Reggae, Punk und Folk fanden im Gewölbekeller schon Konzerte für (fast) jeden Musikgeschmack statt, aber auch Poetry Slams, Theater und Kabarett. Im Sommer veranstaltet der Club zudem Open-Air-Konzerte auf der Bastion, die auch sonst über eine Treppe öffentlich zugänglich ist. In die bis heute erhaltene Kasemattenanlage unter dem Terrassengarten des Kirchheimer Schlosses gelangt man dagegen nur bei Sonderführungen.

Adresse Max-Eyth-Straße 57/2, 73230 Kirchheim unter Teck, www.kirchheim-unter-teck.de, www.club-bastion.de | **ÖPNV** S 1 bis Bf Kirchheim unter Teck | **Anfahrt** A 8 bis Ausfahrt Kirchheim unter Teck-West | **Tipp** Im alten Wachthaus lockt das gleichnamige Lokal mit großem Biergarten und großer Getränkekarte (Markstraße 56, Di–So 12–14.45 und 18–23 Uhr).

51 Die Startrampen für die Natter

Raketen aus Sperrholz

Drei kreisrunde Platten im Waldboden direkt an der Autobahn 8, und in der Mitte quadratische Schachtöffnungen. Sehen so Denkmäler aus? Jedenfalls sind sie leicht zu übersehen und verschwinden manchmal ganz unter dem abgeworfenen Laub der Bäume. Unter höchster Geheimhaltung wurden die massiven Betonplatten hier im Frühjahr 1945 installiert. Denn im Hasenhölzle, dem Waldstück zwischen Jesingen und Nabern, hat sich ein einzigartiges Relikt aus der Endzeit des Zweiten Weltkriegs erhalten: drei Abschussrampen für Raketen.

Noch bis 1945 arbeiteten die Nazis fieberhaft an Geheimprojekten, die die militärisch längst absehbare Niederlage noch abwenden sollten. Eines davon war die »Natter«, ein bemanntes Raketenflugzeug aus Sperrholz, aus dessen Bug kleine Bordraketen abgefeuert werden konnten, um die alliierten Bomber abzuschießen. Bereits 1942 hatte das Reichsluftfahrtministerium die Firma Bachem mit der Entwicklung eines schnell produzierbaren und preiswerten »Einwegfliegers« beauftragt – eine Landung war nicht vorgesehen, die Piloten würden den Abfangjäger per Fallschirm verlassen. Und genau für diesen raketenbetriebenen Senkrechtstarter benötigte man stabile Startrampen. Allerdings verhinderte der weitere Kriegsverlauf den Einsatz der neuen »Wunderwaffe«.

Gebaut und erprobt wurde die neue Flugmaschine – halb bemannte Rakete, halb gesteuerte Flaksalve – noch in den letzten Kriegsmonaten. Einige Testflüge verliefen vielversprechend. Doch der erste bemannte Senkrechtstart der »Bachem Natter« am 1. März 1945 wurde zum Höllenritt: Für Testpilot Lothar Sieber endete er tödlich. Obwohl zunächst offiziell anders dargestellt, vermutlich um den Unfallablauf zu vertuschen, nimmt man heute an, dass dem erfolgreichen und erfahrenen Kampfflieger der Ausstieg mit dem Fallschirm per Funk untersagt wurde.

Adresse nahe der A 8, 73230 Kirchheim unter Teck-Jesingen | Anfahrt A 8 bis Abfahrt Kirchheim unter Teck-Ost, im Ortsteil Jesingen an der Verlängerung der Naberner Straße hinter Kleintierzuchtanlage und A 8 | Tipp Wer bis zur Burg Teck auf dem markanten Zeugenberg hinaufwandert, wird mit einem phantastischen Rundblick belohnt.

52 Das Kastell Grinario

Auf den Spuren der Römer

Durch das Neckartal führte zur Römerzeit eine wichtige Militärstraße, von Augsburg kommend über Plochingen und Bad Cannstatt Richtung Mainz. Die Sicherung des Neckarübergangs übernahm ein kleines Kastell in Grinario, dem heutigen Köngen, wo sich weitere Straßen trafen. Im Vorfeld solcher Kastelle bildeten sich häufig kleine Ansiedlungen, die »vici«, wodurch den römischen Militärlagern ein wesentlicher Anteil an der Romanisierung der eroberten Gebiete am Rande des Imperium Romanum zukommt. Vermutlich war in Grinario eine Kohorte stationiert, also etwa 360 Soldaten und 140 Reiter; im Ort lebten rund 1.500 Menschen. Auf dem Gelände des Römerparks sind die Grundrisse von Wohngebäuden, Speicher-, Stabs- und Lagerbauten markiert; Pappeln zeigen die Standorte früherer Türme. Zwischen schon in der Antike bekannten Obstbaumsorten sind außerdem einige Denkmäler aufgestellt, darunter eine Jupitergigantensäule.

Schon vor dem Ersten Weltkrieg wurde einer der Ecktürme rekonstruiert. Von da an entwickelte sich das Römerkastell auch dank der schönen Aussicht zu einem beliebten Ausflugsziel. Mit den Ausgrabungen war allerdings schon 1783 begonnen worden, mehr als 100 Jahre früher. Ende der 1960er Jahre war das Kastellgelände als Neubaugebiet vorgesehen, doch Denkmalschützer legten erfolgreich Protest dagegen ein.

In Zusammenarbeit zwischen der Gemeinde Köngen, dem Schwäbischen Albverein und dem Landesdenkmalamt gelang es in den 1980er Jahren, den Römerpark mit einem kleinen Museum zu realisieren. Dort ist einer der schönsten Ausgrabungsfunde ausgestellt, das Epona-Relief, das die keltische Göttin mit zwei Pferden zeigt. Die römischen Truppen übernahmen Epona als Schutzpatronin der Pferde und der Reiterei. Manche Monumente, die man ihr in den Pferdeställen der Kavallerie errichtete, zeigen sie als Reiterin, hier ist sie sitzend mit einem Korb dargestellt.

Adresse Altenberg 3, 73257 Köngen, Tel. 07024/85802 | Anfahrt über B 10 und B 313, in Köngen über Bahnhofstraße, Kirchheimer Straße, Römer- und Kehlstraße | Öffnungszeiten Museum: April–Okt. Di–Do 9.30–12 und 14–16 Uhr, erster und dritter So, feiertags 13–17 Uhr | Tipp Ein Schweizer Küchenchef sorgt in Restaurant und Bistro des Hotels Schwanen für kulinarische Vielfalt auf hohem Niveau (Schwanenstraße 1, Restaurant: Di–Sa 12–14 und 18–21 Uhr, Bistro: Mo–Fr 17–1 Uhr).

53 Die Korber Köpfe

Skulpturenschau im Grünen

Korb, mit 120 Hektar eine der größeren Weinbaugemeinden des Remstals, liegt am Fuß der drei rebenbewachsenen »Köpfe«: Das Dreigestirn Korber Kopf, Hörnleskopf und Kleinheppacher Kopf prägt das idyllische Landschaftsbild, bevor sich das Tal öffnet und die Stuttgarter Vorstädte sich in der Ebene ausbreiten. Der Korber Kopf, mit 457 Metern der höchste der drei Köpfe, ist einer der schönen Aussichtspunkte am Remstal-Höhenweg, und so reicht der Blick weit über Weinfelder, Streuobstwiesen und das Remstal bis zum Schurwald im Süden und Stuttgart im Westen, bei klarer Sicht auch weiter. Vor dem Reblausbefall im 19. Jahrhundert bildete der Weinbau hier lange die Haupteinnahmequelle. Im historischen Ortskern erinnern daran noch Kelterplatz, Weingärtnerhaus und die 1814 erbaute Alte Kelter, die für Kulturveranstaltungen genutzt wird.

Stolz ist die Gemeinde auf Kunst und Künstler im Ort. Wer durch die Straßen spaziert, kann Brunnen, Figuren und andere Kunstwerke entdecken – gleich neben der Alten Kelter die Bronzeskulptur »Sitzendes Mädchen« von Guido Messer. Bis in die Weinberge können Spaziergänger, Wanderer und Radfahrer die Entdeckungstour ausdehnen – »Köpfe am Korber Kopf« heißt der Skulpturenrundweg oberhalb des Ortes. Anders als in Strümpfelbach (siehe Seite 226) sind die Kunstwerke nicht fest installiert: Hier wechselt jedes Jahr, was zu sehen ist – 2016 ging das Projekt bereits in die zehnte Skulpturenrunde. »Kopfjäger« ist der Korber Bildhauer Guido Messer, der als Kurator der jährlichen Schau neben professionellen Künstlern auch Schulen und Vereine zur Beteiligung auffordert. Aus Bronze, Stahl, Eisen, Holz, Granit, Terrakotta, Beton oder Zement sind die Werke, die sich auf ganz unterschiedliche Weise mit dem Thema Kopf auseinandersetzen, vom Januskopf bis zu Tierköpfen, von der »Mauer im Kopf« über Hohlköpfe bis zu »den Nagel auf den Kopf treffen« ...

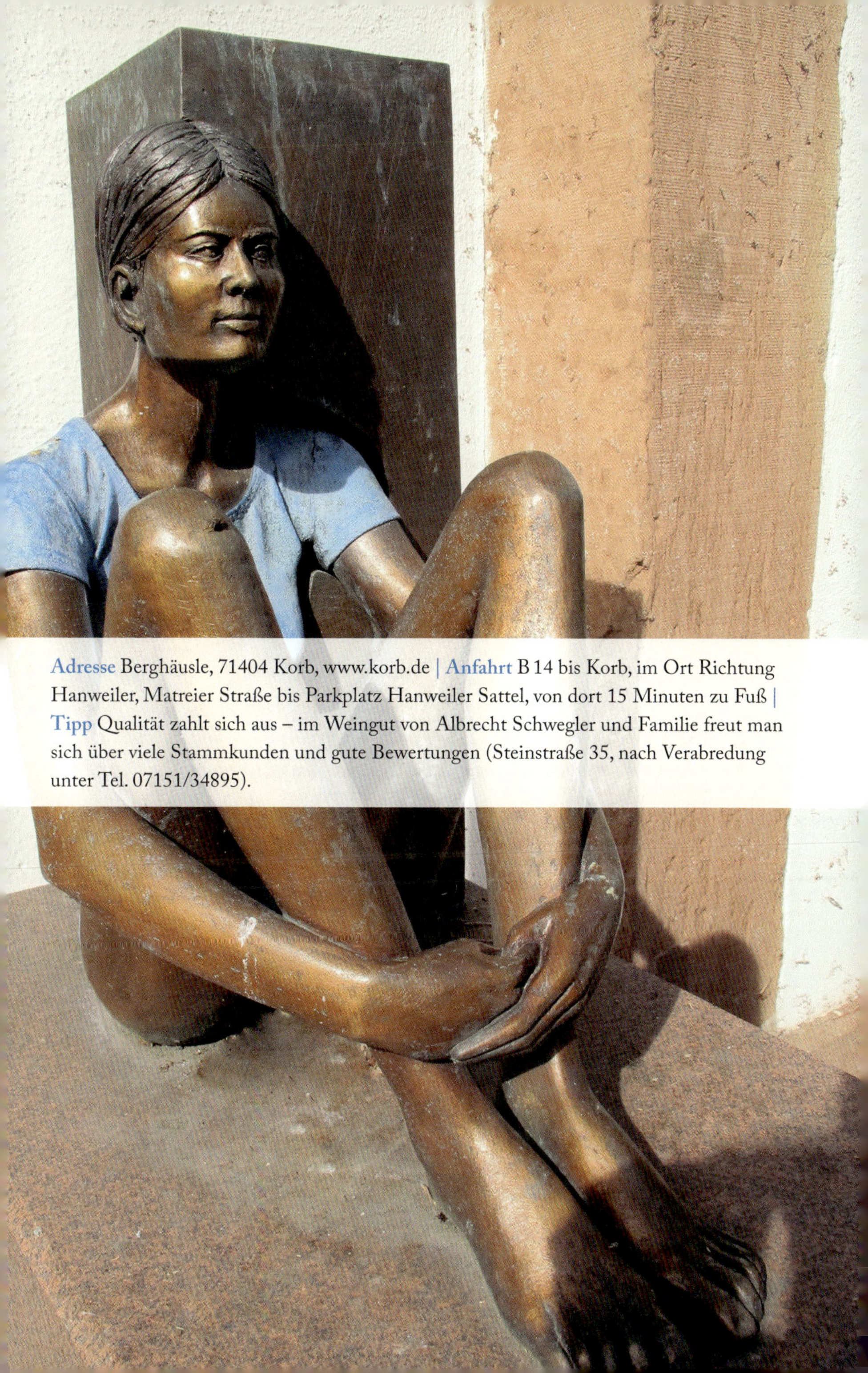

Adresse Berghäusle, 71404 Korb, www.korb.de | Anfahrt B 14 bis Korb, im Ort Richtung Hanweiler, Matreier Straße bis Parkplatz Hanweiler Sattel, von dort 15 Minuten zu Fuß | Tipp Qualität zahlt sich aus – im Weingut von Albrecht Schwegler und Familie freut man sich über viele Stammkunden und gute Bewertungen (Steinstraße 35, nach Verabredung unter Tel. 07151/34895).

54__Die Fildern

Auf Krautschau

Fildern heißt einfach Felder. Die fruchtbare Ebene gilt als Gemüsegarten Stuttgarts, auch wenn die Landwirte ihre großen Ackerflächen im Süden der Landeshauptstadt von Gewerbegebieten, Verkehrswegen, Flughafen und Messe bedroht sehen. Spezialität dieser Region ist das Filderspitzkraut. Alljährlich am dritten Wochenende im Oktober heißt es: »Auf ins Krautvergnügen!«. Beim Filderkrautfest in Leinfelden-Echterdingen steht die lokale Delikatesse im Mittelpunkt. Nach Beginn der Krauternte feiert man dort Deutschlands größtes Krautfest mit rund 40.000 Besuchern. Bei den originellen Wettbewerben, dem traditionellen Krauthobeln, dem Krautkopfstemmen und dem Krautfünfkampf, geht es um Spaß und ums Gewinnen. Auf Hungrige warten zahlreiche Zubereitungsformen des »Schwabenkohls«, von Krautsalat über Krautgulasch bis zu Kraut mit Schupfnudeln. Zu Kohlkopfgebirgen kunstvoll aufgetürmte Krautköpfe werden vom Wagen herab verkauft.

Das selten gewordene Filderkraut wurde von Slow Food als schützenswert in die »Arche des Geschmacks« aufgenommen. Die spitz zulaufende Weißkohlsorte, auch »Spitzkraut« genannt, hat feinere Blattrippen, zartere Blätter und ist lockerer als der Rundkohl. Wegen des milden Geschmacks gilt das daraus hergestellte Sauerkraut als Delikatesse.

Dafür wird das Filderspitzkraut mit speziellen Krautbohrern vom Strunk befreit, in feine Streifen geschnitten oder gehobelt. In früheren Zeiten, als man sein Sauerkraut noch selbst herstellte und es im Winter als wichtiger Vitamin-C-Lieferant diente, schnitten die Bauern den Kohl teils gleich auf dem Markt, teils übernahmen umherziehende Krautschneider diese Arbeit im Haus. Anschließend wurde der Kohl in großen Steinguttöpfen eingesalzen und vergoren. Heute gibt es Sauerkraut überwiegend in Dosen – gerade erst wird das Einsäuern als alte Konservierungstechnik von einer neuen Generation wiederentdeckt.

Adresse 70771 Leinfelden-Echterdingen, www.leinfelden-echterdingen.de | **ÖPNV** S 2, S 3 bis Bf Leinfelden oder Bf Echterdingen | **Anfahrt** über B 27 bis Leinfelden oder Echterdingen | **Tipp** Zur FilderRadRunde (57 Kilometer) und zum Stuttgarter Filder-Radrundweg (31 Kilometer) liefert der VVS-Radroutenplaner Streckendetails, Höhenprofile und GPS-Tracks (www.vvs.de).

55 Die Turmuhr

Pfarrer und »Uhrmensch«

Die Geschichte der Zeitmessung reicht bis ins Altertum zurück, doch noch mehr als Sanduhren, Sonnenuhren, Wasseruhren oder digitale Zeitanzeigen üben mechanische Uhren eine eigenartige Faszination aus und erfreuen sich tickend, rasselnd, läutend, »Kuckuck« rufend oder gar krähend bei Tüftlern und Sammlern größter Beliebtheit.

Nur selten hat man die Gelegenheit, Turmuhren mit ihren großen Uhrwerken, die seit Jahrhunderten die Zeit anzeigen, aus der Nähe betrachten zu können. In Echterdingen steht ein Exemplar direkt an der Hauptstraße vor dem Stadtmuseum. Mehr noch, im Glasgehäuse am Philipp-Matthäus-Hahn-Platz offenbart sie auch ihr technisches Inneres, das Räderwerk.

Vermutet wird, dass die Turmuhr 1775 unter Hahns Amtsvorgänger eingebaut wurde. »Hahn'sche Uhr« heißt sie deshalb, weil die gut dotierte Pfarrstelle in Echterdingen dem Theologen und Mechaniker Philipp Matthäus Hahn (1739–1790) Raum ließ für seine Uhrenwerkstätten. Wer die solide, robuste Mechanik der Uhr erstellt hat, ist nicht bekannt, doch alte Rechnungen belegen, dass Reparatur und Wartung bis 1787 durch die Hahn-Söhne Gottfried und Christoph, die in der Echterdinger Uhrenwerkstatt ihres Vaters tätig waren, sowie von der Kornwestheimer Werkstatt übernommen wurden. So eine mechanische Turmuhr hielt zwar ein bis zwei Jahrhunderte, doch musste sie häufig nachjustiert werden, weil die Temperaturunterschiede in luftiger Höhe ihr zu schaffen machten. Schon während seines Studiums baute Hahn astronomische Uhren und Sonnenuhren, später auch Teleskope, Taschenuhren, Rechenmaschinen und Waagen. Auf Veranlassung des Herzogs Carl Eugen, dem Hahn 1767 eine astronomische Uhr überlassen hatte, erhielt er 1770 die Pfarrei in Kornwestheim und 1781 in Echterdingen. Durch seine hohen Ansprüche an die Präzision seiner Uhren, Waagen und Rechenmaschinen gilt Hahn als Begründer der feinmechanischen Industrie Württembergs.

Adresse Philipp-Matthäus-Hahn-Platz, 70771 Leinfelden-Echterdingen | ÖPNV S 2, S 3 bis Bf Echterdingen | Anfahrt über B 27, in Echterdingen über die Hauptstraße bis zum Stadtmuseum | Tipp Der Fabrikverkauf von Speick Naturkosmetik offeriert die Körperpflegeprodukte direkt ab Werk (Benzstraße 9, Mo–Fr 11–17 Uhr, Sa 10–14 Uhr).

56 Die Eselsmühle

Wasserrad und Holzbacköfen

Im Siebenmühlental taucht man in eine andere Welt ein: Unweit der Großstadt liegt die Eselsmühle idyllisch im Grünen. Mehr als 600 Jahre schon dreht sich ein Mühlrad am Reichenbach; seit 1937 befindet sich das unter Denkmalschutz stehende Gebäudeensemble im Besitz der Familie Gmelin-Bauer. In der dritten Generation führen Nathalie Bartels und Meinrad Bauer den Familienbetrieb.

Allein das köstliche Brot aus den mit Tannen- und Fichtenscheiten befeuerten Holzbacköfen ist es wert, hierherzukommen. Im Hofladen sind nicht nur Musberger Laib, Schwabenkorn, Dinkelbrot, Emmerbrot, Baguette und viele andere Sorten der Demeterbäckerei erhältlich, sondern auch Obst, Gemüse und andere Bio-Lebensmittel. Die alte Mühlentechnik kann man nach Anmeldung noch besichtigen, doch Mehl wird nicht mehr selbst gemahlen; die Betreiber der Mühle konzentrieren sich auf Landwirtschaft, Bäckerei und Gastronomie.

Im Hof herrscht Marktatmosphäre, dazwischen picken Hühner und schnattern Gänse, und Kinder dürfen Bekanntschaft mit den namengebenden Eseln machen. In der lauschigen Gartenwirtschaft am plätschernden Bächlein lässt sich unter Bäumen träumen – bei Kaffee und Träubleskuchen oder deftigem Mühlenvesper zum Bier. Alle Leckereien gibt's in Bio-Qualität, bei schlechtem Wetter in der gemütlichen Mühlenstube direkt über dem Hofladen.

Der zehn Kilometer lange Rad- und Wanderweg durchs Siebenmühlental verläuft auf der Bahntrasse der stillgelegten Schönbuchbahn, die von 1928 bis 1956 zwischen Leinfelden und Waldenbuch verkehrte. Entlang des Reichenbachs stehen nicht sieben, sondern insgesamt elf Mühlen: Von der Oberen Mühle über die Mäulesmühle mit Mühlenmuseum und dem bekannten Mundart-Kabarett in der Komede-Scheuer bis zu Seebrucken-, Schlechts-, Schlössles-, Walzen-, Kochen-, Oberer und Unterer Kleinmichelsmühle und Burkhartsmühle, in denen man teils ebenfalls einkehren kann.

Adresse 70771 Musberg, Tel. 0711/7542805 (Mühlenstube), 0711/7542535 (Bäckerei, Hofladen), www.eselsmuehle.com | **Anfahrt** B 27 bis Leinfelden-Echterdingen, von dort über Musberger Straße und K 1227 bis zum Parkplatz unter dem Bahnviadukt | **Öffnungszeiten** Di–So 12–23 Uhr, Küche im Winter bis 20.30 Uhr, im Sommer bis 21.30 Uhr | **Tipp** Die Scheune der Mäulesmühle bietet Raum für schwäbisches Volkstheater (Aufführungen unter www.maeulesmuehle.de).

57 Der Engelbergtunnel

Dem Gedenken Namen geben

Namen, Namen, Namen: Mit einer 3.000 Namen umfassenden monumentalen Wand aus Stahl wird der Zwangsarbeiter gedacht, die sich im Engelbergtunnel zu Tode schufteten, zwölf Stunden am Tag, sieben Tage die Woche. Oberhalb eines Wohngebiets befinden sich die Gedenkstätte und der »Weg der Erinnerung« mit Schautafeln, die über das im Frühjahr 1944 eingerichtete Konzentrationslager informieren. Noch bis April 1945 mussten Tausende Häftlinge im Tunnel Flugzeugteile für die Rüstungsfirma Messerschmitt herstellen.

Einer der Überlebenden, auch sein Name steht auf der Wand, veröffentlichte in den 1980er Jahren seine Erinnerungen, die unter dem Titel »Das Blut der Hoffnung« auch ins Deutsche übersetzt wurden. Nur mit großem Glück und zähem Willen hatte der 1929 geborene Samuel Pisar die vielen Transporte und Lager überlebt. Im Januar 1945 wurde er über Sachsenhausen und Oranienburg ins KZ Leonberg gebracht. Weil die Front sich durch die Rote Armee immer weiter nach Westen verschob, verlagerte die NS-Regierung auch die Rüstungsindustrie, vorzugsweise in unterirdische Räume: Vor allem Bergwerke und Tunnel wie der Autobahntunnel bei Leonberg waren nun wegen der ständigen Gefahr der alliierten Luftangriffe gefragt.

Wenige Tage, bevor die französischen Streitkräfte Leonberg erreichten, wurden die bis auf die Knochen abgemagerten Häftlinge zu Fuß nach Bayern getrieben. Viele überlebten die Strapazen der »Todesmärsche« nicht, wurden erschlagen, erschossen oder brachen einfach am Straßenrand zusammen. Samuel Pisar gelang es, zu fliehen, er wurde schließlich von amerikanischen Soldaten gerettet. Als Präsidentenberater im Weißen Haus machte er später eine grandiose Karriere.

Erst 2005 wurde die Namenswand von Johannes Kares vor dem Tunnel eingeweiht, weitere drei Jahre später die Dokumentationsstätte zur Geschichte des Konzentrationslagers und der Rüstungsproduktion im Tunnel geschaffen.

Adresse Seestraße, 71229 Leonberg, www.kz-gedenkstaette-leonberg.de | Anfahrt A 8 bis Leonberg-West, dann B 295 | Öffnungszeiten März–Okt. erster So im Monat 14–16 Uhr | Tipp Der 1928 eröffnete Engelbergturm ist das Wahrzeichen von Leonberg und bietet einen herrlichen Ausblick (Mai–Okt. So 9–17 Uhr).

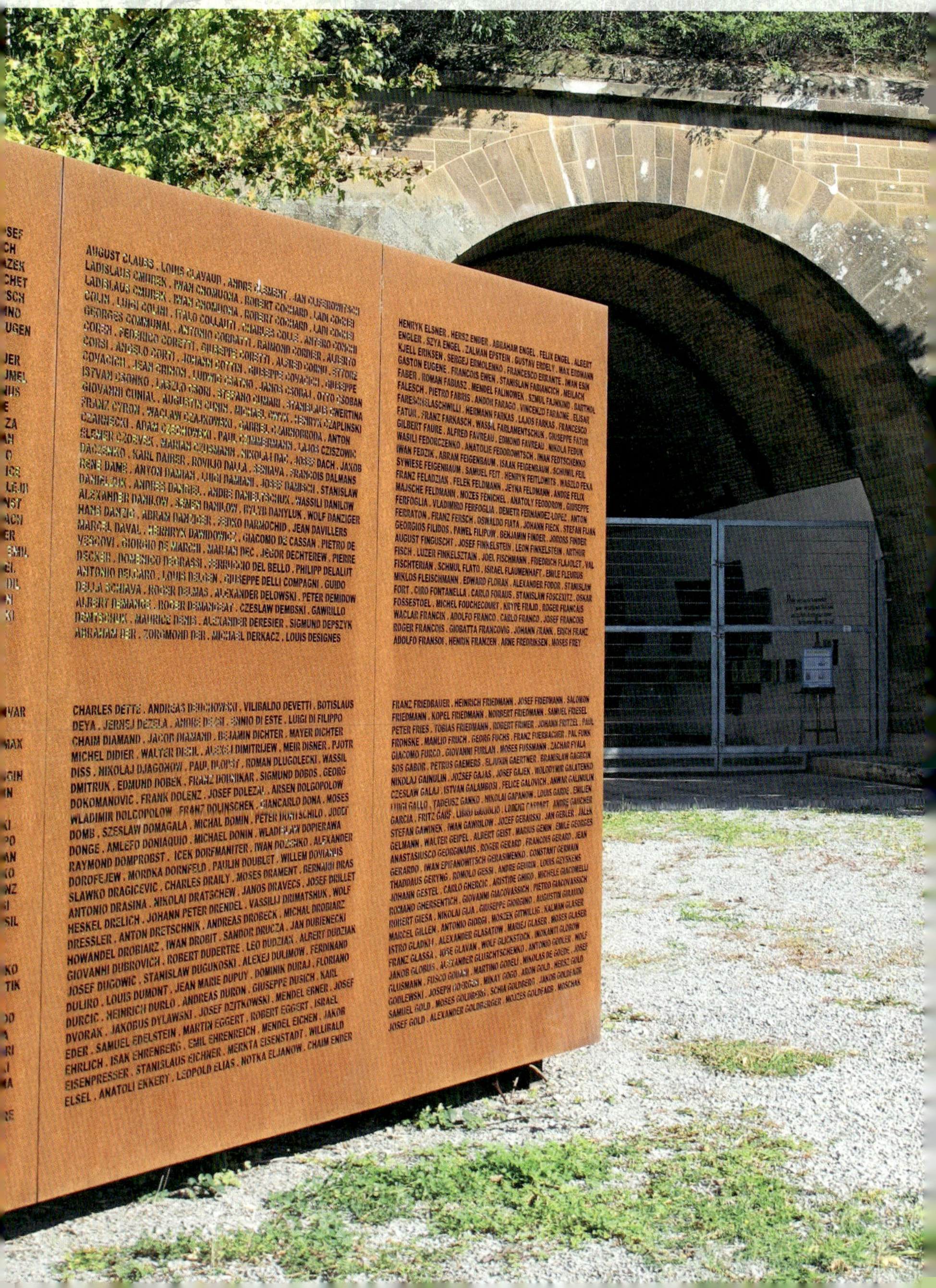

58 Der Glemsmühlenweg

Viel mehr als Schrot und Korn

Ein etwa 40 Kilometer langer Radwanderweg führt vom Glemseck bei Leonberg durchs Tal der Glems bis nach Markgröningen-Unterriexingen, wo das Flüsschen in die Enz mündet. Entlang des Wegs informieren Tafeln über Geschichtliches und das Müllerhandwerk, denn von einst mindestens 30 Mühlen blieben hier 19 erhalten. Nicht alle Müller haben dort früher Getreide zu Mehl verarbeitet: Neben einer Papiermühle ist unter den ehemals mit Wasserkraft betriebenen Mühlen mit der Felsensägmühle auch ein Sägewerk, zudem gab es früher Lohmühlen, Walkmühlen, Ölmühlen, Pulvermühlen, Hanfreiben und eine Schmiede.

Der Freizeitradler sollte allerdings nicht ausschließlich Mühlenromantik mit klappernden Wasserrädern am rauschenden Bach erwarten. Einige der stillgelegten Mühlen wie die Clausenmühle wurden zu Wohnhäusern umgebaut. Und wie die Zechlesmühle in Ditzingen, die ihre großen Wasserräder schon Mitte der 1920er Jahre durch Turbinen ersetzte, arbeiten auch Talmühle und Schlossmühle mit Motoren statt mit Wasserkraft.

Eine Handvoll Mühlen ist noch in Betrieb, in einigen gibt es auch Mühlenläden. Die Tonmühle in Ditzingen war vor fast 30 Jahren vermutlich eine der ersten Mühlen Deutschlands, die ausschließlich Bio-Getreide mahlte. Schon seit 1347 wird dort Korn zu Mehl verarbeitet, heute gibt es im Mühlenladen Bio-Backmischungen aus eigener Herstellung und eine große Auswahl an Weizen-, Roggen- und Dinkelmehl in unterschiedlichen Typen (= Mineralstoffgehalt) als Grieß, Dunst und in Vollkornqualität. Mehl ist die feinste Qualität, Dunst bezeichnet ein feinkörniges und griffiges Mehl, Grieß ist schalenfrei, aber körnig. Schrot, also die ungeschälten, grob zerkleinerten Körner, und Kleie, die bei der Mehlherstellung zurückbleibenden Schalenteile des Getreidekorns, haben dank immer populärer werdender Vollwerternährung als Ballaststofflieferanten wachsende Bedeutung.

Adresse Glemseck, 71229 Leonberg | **Anfahrt** A 8 bis Ausfahrt Leonberg-Ost | **Tipp** Im »Brauhaus Sacher« braut Dominik Sacher naturbelassene Biere von Pils bis India Pale Ale in kleinen Mengen und bittet in der ehemaligen Güterhalle des Bahnhofs Leonberg auch zu Tisch (Bahnhofstraße 82, Mo–Sa 16–24 Uhr, So 11–23 Uhr).

59 Der Pomeranzengarten

Bittere Orangen zur »Lust und Zier«

Bewacht von vier Eckpavillons und an einer Seite von Mauern geschützt wartet der große Renaissancegarten mit einer Vielzahl an bunt bepflanzten, geometrischen Beeten, einem Schmuckbrunnen und einer einladenden Sonnenterrasse auf. Von den balustradengesäumten Wegen öffnet sich der Blick über die Stadt, und eine doppelläufige Treppe führt talseits hinunter. Die darunter ursprünglich geplanten Grotten, Obst- und Küchengarten wurden bei der Restaurierung allerdings nicht wiederhergestellt.

Die Pläne für den Leonberger Garten zeichnete einst Heinrich Schickhardt, Architekt, Stadtplaner und Ingenieur aus Herrenberg (1558–1635). Der vielseitig begabte »schwäbische Leonardo« baute und renovierte Kirchen und Schlösser, Kanäle und Keltern, Brücken und Stadthäuser und gilt als wichtigster Baumeister der Renaissance im Südwesten. Ganze Planstädte entwarf er am Reißbrett oder ordnete Stadtteile nach Bränden neu. Auf zwei Reisen nach Italien hatte der Landbaumeister des württembergischen Herzogs auch die italienische Renaissancebaukunst kennengelernt.

Mit der Gartenanlage beauftragt hatte ihn Herzog Johann Friedrich, der das Leonberger Schloss für seine Mutter Sibylla von Württemberg auf ihren Wunsch als Witwensitz herrichten ließ. Ihr 1609 angelegter fürstlicher Lustgarten ist der einzige aus der Zeit der Spätrenaissance in Deutschland und einer der wenigen in Europa. Den Namen gaben ihm die Bitterorangen, aus deren Früchten, Blüten und Blättern man Orangeat für die Küche gewinnt und Heil- und Duftextrakte für die Hausapotheke und Parfümerie. Der Baumbesitz von weit gereisten und teuren Zitrusfrüchten, Feigen und anderen frostempfindlichen exotischen Pflanzen zeugte damals von Ansehen und Wohlstand, musste doch für das Überwintern eigens eine Orangerie oder ein »Pomeranzenhaus« errichtet werden. In Leonberg stand es einst an der Stelle des heutigen Laubengangs.

Adresse Schlosshof, 71229 Leonberg | **ÖPNV** S 6, S 60 bis Bf Leonberg | **Anfahrt** über Feuerbach oder Stuttgart-West | **Öffnungszeiten** April–Sept. 8–22 Uhr, Okt.–März 8–18 Uhr; das Schloss kann von außen besichtigt werden | **Tipp** »Ziegler Wohn- und Tischkultur« ist nicht nur ein Geschäft, sondern lädt auch zu Weinproben und Grillkursen, außerdem immer mittwochs zum Frühstück und samstags zu Antipasti und Prosecco (Graf-Ulrich-Straße 7, Mo–Fr 9–18.30 Uhr, Sa 9–14 Uhr).

60 Der Alte Friedhof

Ewige Ruhe für König und Kriegsopfer

In Stuttgart wollte er nicht begraben sein: Wilhelm II., der letzte König von Württemberg (1848–1921), verwand bis zu seinem Tod nicht, dass ihn seine Landeskinder zum Abdanken genötigt hatten. Im November 1918 erfassten die revolutionären Geschehnisse, die zur Absetzung des Kaisers und zur Ausrufung der Republik in Berlin führten, auch den Südwesten Deutschlands. Seine Beliebtheit schützte den liberalen, volksnahen »Bürgerkönig« nicht, die Revolutionäre forderten die Abschaffung der Monarchie. »S'isch wegem Sischtem!«, soll einer der Wortführer die Notwendigkeit politischer Umwälzungen begründet haben. Nachdem aufgebrachte Demonstranten in den Wohnsitz des Königs im Wilhelmspalais eindrangen, verließen Wilhelm II. und seine Gattin Stuttgart – zwar unter dem Schutz der provisorischen republikanischen Regierung, aber tief gekränkt. Als letzter deutscher Monarch erklärte Wilhelm II. am 30. November 1918 seine Abdankung.

Seine letzten Lebensjahre verbrachte der Ex-Regent im Schloss Bebenhausen (siehe Seite 18). Nach seinem Tod 1921 säumten Zehntausende den Trauerzug, der dem Wunsch des verstorbenen Königs entsprechend um Stuttgart herum nach Ludwigsburg geleitet wurde. Auf dem Alten Friedhof fand er an der Seite seiner ersten Frau und seines Sohnes seine letzte Ruhestätte, 1946 wurde dort auch seine zweite Frau bestattet.

Obwohl ihm die militärische Laufbahn vorbestimmt war und er in Potsdam ins preußische Heer eintrat, stand Wilhelm II. dem preußischen Machtgehabe zeit seines Lebens kritisch gegenüber. Den obligaten Kaisermanövern und Frontbesuchen während des Ersten Weltkriegs konnte er sich dennoch nicht entziehen. Nun ruht er inmitten zahlreicher Soldatengräber: Neben den Grabstellen Ludwigsburger Honoratioren gedenken zahlreiche schlichte Steinkreuze der Gefallenen der Kriege 1870/1871, des Ersten und des Zweiten Weltkriegs.

Adresse Schorndorfer Straße 71, 71638 Ludwigsburg | **ÖPNV** Regional-Express, S 4, S 5 bis Bf Ludwigsburg | **Anfahrt** über die B 27, vor dem Residenzschloss rechts in die Schorndorfer Straße | **Öffnungszeiten** täglich 10–18 Uhr | **Tipp** Ein Ort der Erinnerung ist auch der benachbarte jüdische Friedhof, auf dem seit 1870 Tote beigesetzt wurden, unter den ersten ein junger deutscher Soldat und ein französischer Kriegsgefangener.

61 Die Dachterrasse

Feuerwerk und Lichterglanz

Die perfekte Kulisse für höfische Feste: Das für Herzog Eberhard Ludwig erbaute Schloss Favorite war nicht für längere Aufenthalte gedacht, sondern bildete den glanzvollen Rahmen für Feierlichkeiten und fürstliche Jagden. Nach Plänen von Johann Friedrich Nette und dem italienischen Hofbaumeister Donato Giuseppe Frisoni 1717 bis 1723 errichtet, erhielt das Lustschlösschen sogar eine schicke Dachterrasse. Wer hier wohl den exklusiven Blick genießen durfte?

Auch unter den Nachfolgern des zehnten Herzogs von Württemberg wurde gefeiert: Im Jahr 1748 bildete das Schloss die prächtig illuminierte Bühne für ein spektakuläres Feuerwerk, das anlässlich der prunkvollen Hochzeit von Carl Eugen mit Elisabeth Friederike Sophie von Brandenburg-Bayreuth stattfand. Zunächst wurde in Bayreuth gefeiert, dann ging es in Ludwigsburg weiter. Die Gäste schauten vom Residenzschloss aus zu, wie ein vielfältiges Arsenal an Feuerwerkskörpern gezündet wurde. Raketen, Feuerräder, »Pfauenschwänze« und »Lustkugeln« hatten die eigens engagierten Feuerwerkskünstler installiert.

Legendär waren aber auch Carl Eugens aufwendige Prunkjagden und die Festivitäten, die er im großen Barockschloss – 18 Gebäude und 452 Räume standen immerhin dafür zur Verfügung – abhalten ließ. Neben grandiosen, bis ins Detail inszenierten Geburtstags- und Namenstagsfesten, für die es teils monatelanger Vorbereitung bedurfte, gab es Hofbälle, Galabankette und die bunten »Venezianischen Messen«, die ab 1768 jedes Jahr auf dem Marktplatz stattfanden. Die Begeisterung des verschwenderischen Landesherrn für Maskenfeste beruhte auf Reisen nach Italien, wo er in Venedig den berühmten Karneval kennengelernt hatte.

Die elegante klassizistische Innenausstattung erhielt Schloss Favorite unter Friedrich I., dem ersten König von Württemberg, der nach seinem Regierungsantritt 1797 Friedrich von Thouret mit der Umgestaltung beauftragte.

Adresse Schloss Favorite, Favoritepark 1, 71634 Ludwigsburg, www.schloss-favorite-ludwigsburg.de | **ÖPNV** Regionalexpress, S 4 oder S 5 bis Bahnhof Ludwigsburg oder Favoritepark | **Anfahrt** über die B 27 | **Öffnungszeiten** Mitte März–Okt. täglich 10–12 und 13.30–17 Uhr im Rahmen einer Führung, Nov.–Mitte März bis 16 Uhr | **Tipp** Die Ludwigsburger Gartenschau »Blühendes Barock« bietet vom Frühjahr bis zur Kürbisausstellung im Herbst alljährlich Blütenpracht und Gartenkunst (www.blueba.de).

62 Der Kaffeeberg

Muckefuck vom Karo-König

Am Fuße des Kaffeebergs – der so seinen Namen erhielt – eröffnete der Italiener Joseph Julius Lazaro 1725 das erste Kaffeehaus in Ludwigsburg. Welche Art von »Caffè« er dort aus den dunklen, damals noch exotischen Bohnen zubereitete, ist nicht überliefert. Jedenfalls war Kaffee selbst hundert Jahre später noch ein extrem teures, mit hohen Steuern belegtes Luxusprodukt, und die ärmere Bevölkerung konnte sich nur Ersatzprodukte leisten.

Neben Getreide und Malz waren Zichorien dafür ein wichtiger Bestandteil. Firmengründer Johann Heinrich Franck betrieb seit 1828 in Vaihingen an der Enz eine Zichorienfabrik, die 1869 wegen des Eisenbahnanschlusses nach Ludwigsburg verlegt wurde.

Enkel Robert Franck (1857–1939) baute die »Landkaffee-Manufaktur« zum internationalen Konzern aus. »Karo« hatten ihn die Mitschüler einst gerufen, Kaffee-Robert, schließlich war er der Spross einer Familie, die mit Zichorien-Kornkaffee handelte. Ob ihm der Spitzname gefiel? Später hat der weit gereiste Unternehmer, um die Jahrhundertwende einer der wohlhabendsten Männer Deutschlands, das Karo zum eigenen Markenzeichen und zum Signet für seine Produkte gemacht.

Schon vor dem Ersten Weltkrieg beschäftigte das florierende Unternehmen über 3.000 Arbeiter, Angestellte und Vertreter und unterhielt Niederlassungen bei New York, in Basel, Bukarest, Krakau und Mailand, insgesamt mehr als zwei Dutzend Fabriken in elf Ländern.

In den 1950er Jahren – Robert Franck war längst gestorben – wurde der erste lösliche Instantkaffee aus Getreide entwickelt. Dem neuen Produkt des Konzerns gab das Karo den Namen: dem Caro-Kaffee, mit C geschrieben, vermutlich, um eleganter und internationaler zu wirken. Bis heute wird im Ludwigsburger Werk (das zum Nestlé-Konzern gehört) aus Roggen, Gerste, Malz und Zichorie Caro-Kaffee hergestellt, dessen Röstaroma als »Ludwigsburger Gschmäckle« sprichwörtlich wurde.

Adresse Kaffeeberg, Ludwigsburg | **ÖPNV** Regional-Express, S 4, S 5 bis Bf Ludwigsburg | **Anfahrt** über B 27 | **Tipp** »Arabica – Kaffee & Lebensart« am Holzmarkt bietet mehr als drei Dutzend Kaffee- und Espressosorten aus eigener handwerklicher Röstung, die man dort kaufen oder sich schmecken lassen kann (Di–Fr 10–19 Uhr, Sa 9–16 Uhr).

63_Das MIK

Modernes Museum in barocken Mauern

Museum, Information, Kunst unter einem (historischen) Dach: In dem restaurierten Barockbau pflegen Ticketservice und Touristeninformation, Kunstverein und Stadtmuseum ein produktives Miteinander. Das Ludwigsburg Museum gestaltete 2013 HG Merz, ein großer Name in seiner Branche. Der vielfach ausgezeichnete Stuttgarter Architekt bewegt sich mit Projekten von der Alten Nationalgalerie auf der Museumsinsel in Berlin über das Militärhistorische Museum Dresden, die Zeche Zollverein, das Zeppelinmuseum in Friedrichshafen sowie Porsche- und Mercedes-Museum schon lange in der obersten Liga der Ausstellungs- und Museumsgestalter.

Schon im Eingangsbereich macht die Wand des Lichtschachts mit »Fundstücken« quasi als Ouvertüre neugierig: Jedes soll Assoziationen wecken, von der goldenen Brezel über die gotische Kirchturmspitze, den steinernen Blüba-Papageien und Porzellan aus der Schlossmanufaktur bis zum Modell des Lufthansa-Fliegers, der auf den Namen »Ludwigsburg« getauft wurde. Oben in der Galerie geht es ideenreich weiter, selbst »dröge« Geschichtszahlen werden hier spannend präsentiert. Auch in den Themenräumen beschritt man neue Wege: Ob Ludwigsburg als württembergische Residenz, als Garnisonsstandort, als Industriestadt der Tüftler und Erfinder, als »Musensitz« der Künstler und Literaten oder barocke Idealstadt – all diese Facetten der 300-jährigen Stadtgeschichte machen ausgewählte Exponate anschaulich. Dank der ausführlichen, überall ausgelegten Informationsblätter erfährt man, was es denn genau mit dem Penicillin-Fläschchen und der Ur-Barbie, dem Zündholz und dem Botox auf sich hat; zugleich regen sie spezielle Spaziergänge durch die Stadt an, um dort den Themen weiter nachzuspüren. Museumschefin Alke Hollwedel kann sich über viele interessierte Besucher freuen – die das »Café Zichorie« dann zur Kunst- und Kaffeepause lädt.

Adresse Eberhardstraße 1, 71634 Ludwigsburg, Tel. 07141/9103600 (MIK), Tel. 07141/9102290 (Museum), www.mik-ludwigsburg.de, www.ludwigsburgmuseum.de | **ÖPNV** Regional-Express, S 4, S 5 bis Bf Ludwigsburg | **Anfahrt** über die B 27 | **Öffnungszeiten** Museum: Di–So 10–18 Uhr, Eintritt frei | **Tipp** Die Alte Schmiede in der Hospitalstraße 42 ist im Originalzustand erhalten. An den Öffnungstagen (Mai–Okt. erster Sa im Monat 11–16 Uhr) führt ein Schmied sein Handwerk vor.

verköstigen

nourishing

64 Palais Grävenitz

Liebe, Macht und Intrigen

Machtbesessen oder hoffnungslos der Liebe verfallen? Selbstbewusste Wohltäterin oder beim Volk verhasste mächtigste Frau des Landes? Eigennutz oder Staatsinteresse? Die Nachwelt hat unterschiedlich über Christine Wilhelmine Friederike von Grävenitz (1686–1744) geurteilt. Fast ein Vierteljahrhundert lang war sie die einflussreiche Mätresse von Eberhard Ludwig von Württemberg und zeitweilig sogar seine zweite Ehefrau, obwohl der Herzog bereits seit 1697 verheiratet war. Seine Bigamie war ein solcher Skandal, dass die Ehe wieder gelöst wurde und Wilhelmine von Grävenitz ins Exil in die Schweiz ging. Doch der Herzog folgte seiner Favoritin, und so kehrte sie bald an den württembergischen Hof zurück, nun der Form halber in Scheinehe mit dem Grafen von Würben verheiratet, der dafür mit einer beträchtlichen Summe Geldes und einem hohen Posten belohnt wurde.

Weit mehr als nur eine Geliebte, hatte die Grävenitz großen Anteil am Ausbau des Ludwigsburger Schlosses und der Verlegung der Residenz dorthin. Selbst auf die Staatsgeschäfte nahm die fürstliche Mätresse Einfluss, und zwar keineswegs, indem sie hinter den Kulissen die Fäden zog: Als offiziell wirkende Politikerin, Landhofmeisterin und einzige Frau im »Geheimen Kabinetts- und Konferenzministerium« lenkte sie an der Seite des Herzogs die Geschicke Württembergs.

1728 ließ der Herzog das charmante Barockpalais für sie erbauen, doch drei Jahre später endete ihre bemerkenswerte Karriere: Auf Anweisung des Herzogs ergriffen Soldaten die Reichsgräfin und brachten sie als Gefangene nach Bad Urach. Denn 1731 versöhnte der Herzog sich – in der Hoffnung auf Nachkommen – mit seiner Gattin Johanna Elisabeth; seine einstige Mätresse musste ihre Besitzungen abtreten und das Herzogtum verlassen. Dem württembergischen Hof hatte sie ihren Stempel aufgedrückt, ein seltenes Beispiel weiblicher Macht im Zeitalter des Absolutismus.

Adresse Marstallstraße 5, 71634 Ludwigsburg | ÖPNV Regional-Express, S 4, S 5 bis Bf Ludwigsburg | Anfahrt über die B 27 | Tipp Heute residiert im Palais Grävenitz die Geschäftsstelle der Ludwigsburger Schlossfestspiele. Das Kulturfestival mit Konzerten, Tanz-, Theater- und Literaturprogramm findet jährlich von Mai bis Juli statt (Termine unter www.schlossfestspiele.de).

65 Der Platz der Synagoge

Abschied für immer

Die Koffer stehen noch da, doch ihre Besitzer sind fort. Koffer voller Erinnerungen, mit Namen darauf, die stumm, aber unüberhörbar an einzelne Schicksale erinnern. Den Hintergrund bildet das dunkelste Kapitel deutscher Geschichte: Jüdischen Mitbürgern wurde im Dritten Reich perfide suggeriert, »im Osten« warte ein neues Leben auf sie. Ein gepackter Koffer mit persönlichen Wertgegenständen, Bargeld, Kleidung, Schuhen und Hygieneartikeln stand für die Hoffnung auf eine bessere Zukunft, auch wenn man alles hinter sich lassen musste. Doch es reisten nur ihre Besitzer ab, deportiert in Konzentrationslager. Freiwillig ließen sie nicht das wenige zurück, was sie bei sich hatten, schon vor ihrer Ermordung wurden sie auch noch beraubt.

Im Pflaster der Platzanlage ist der Grundriss der 1884 errichteten Synagoge nachgebildet, die einst hier stand. Beim Pogrom am 9. November 1938 hatten Nazis das Gotteshaus angezündet. Während die Feuerwehr nur die benachbarten Häuser vor dem Brand schützte, schauten viele Menschen zu – niemand schritt gegen die Brandstiftung ein. Damit der Synagogenplatz nicht nur an das zerstörte Gebäude erinnert, sondern auch an die jüdischen Opfer des Nationalsozialismus, entstand das Mahnmal, zu dessen Vorgeschichte eine einprägsame Aktion des Ludwigsburger »Bündnisses gegen Fremdenfeindlichkeit« in den 1990er Jahren gehört: Schon damals wurden Koffer auf den Synagogenplatz getragen, auf denen die Namen von ermordeten jüdischen Ludwigsburgerinnen und Ludwigsburgern standen. Und auch im Museum in der Gedenkstätte in Auschwitz gibt es einen Raum voller Koffer als Zeitzeugen für die Opfer des NS-Terrors.

Ein Gedenkstein am Platz mahnt Menschlichkeit an, und eine elektronische Tafel bietet weiterführende Informationen, unter anderem die Namen aller Mitglieder der jüdischen Gemeinde und ihre Schicksale – soweit sie bekannt sind.

Adresse Kreuzung Alleenstraße/Solitudestraße, Ludwigsburg, www.synagogenplatz.de | ÖPNV Regional-Express, S 4, S 5 bis Bf Ludwigsburg | Anfahrt über die B 27 | Tipp Das Haus von Joseph Süß Oppenheimer (1698–1738), mächtiger Finanzrat am Hofe des Herzogs Karl Alexander und später Opfer judenfeindlicher Anschuldigungen, steht nach wie vor, in der Mömpelgardstraße 18 nahe dem Schloss.

66 Das Schlosstheater

Der schöne Schein

Wenn es grollte und rumpelte, war das vermutlich die Donnermaschine. Für das Schlosstheater konstruierte der Theatermaschinist Johann Christian Keim Mitte des 18. Jahrhunderts die raffinierte Bühnentechnik, mit Regen- und Windmaschinen, Wolkenwagen, Wellbaum unter der Bühne für den schnellen Wechsel der beweglichen Kulissen und aufwendiger Beleuchtung. Ludwigsburg ist heute das älteste erhaltene Schlosstheater in Europa mit originaler Bühnenmaschinerie, die zudem seit der Restaurierung wieder funktioniert.

Zu den Höhepunkten des Hoflebens zählten die Aufführungen im barocken Theater, und dafür wurde kein Aufwand gescheut. Das Schlosstheater, ein Lieblingsprojekt von Herzog Carl Eugen, verschlang Unsummen. Zum ohnehin verschwenderischen höfischen Lebensstil kamen enorme Kosten für pompöse Inszenierungen – so wirkten bei der Aufführung der Oper »Fetonte« im Februar des Jahres 1768 auf der Bühne 436 Statisten und 86 Pferde mit. Möglichst die besten Künstler aus allen Sparten wurden verpflichtet: Sowohl dem Hofkapellmeister Niccolò Jommelli als auch dem Ballettmeister Jean-Georges Noverre zahlte der Herzog exorbitante Gehälter, waren der italienische Musikdirektor und Komponist wie der französische Choreograf doch berühmte und umworbene Stars ihrer Zeit, die beide nur mit reichlicher Entlohnung nach Württemberg gelockt werden konnten.

Carl Eugen hatte 1764 die Residenz von Stuttgart nach Ludwigsburg verlegt und sorgte mit absolutistischer Macht und großzügigen Entnahmen aus der Staatskasse dafür, seinen Hof zum glanzvollen europäischen Opern- und Musikzentrum zu machen. Doch so kunstsinnig der Herzog war, so galt doch sein Interesse nicht nur den Aufführungen in seinem Schlosstheater, sondern auch den Darstellerinnen. Kein Rock war vor ihm sicher – mit zahlreichen Schauspielerinnen habe der Herzog einen »sehr persönlichen Umgang« gepflegt, heißt es.

Adresse Residenzschloss Ludwigsburg, Schlossstraße 30, 71634 Ludwigsburg, Tel. 07141/182004, www.schloss-ludwigsburg.de | **ÖPNV** Regional-Express, S 4, S 5 bis Bf Ludwigsburg | **Anfahrt** über die B 27 | **Öffnungszeiten** täglich 10–17 Uhr im Rahmen der Führung »Königin Mathilde«, Dauer circa 60 Minuten | **Tipp** Die Weinhandlung-Bronner steht für riesige Auswahl, Qualität und Kompetenz bei der Beratung (Osterholzallee 7).

67 Das Zuchthaus

Nicht nur Tüten kleben

Einst kam man ins »Loch«, dann in die »Zelle« im Zucht- und Arbeitshaus, heute in den »Haftraum« in der Justizvollzugsanstalt: Nicht nur sprachlich unterscheiden sich Freiheitsstrafen in Vergangenheit und Gegenwart, der Umgang mit den Gefangenen spiegelt die Entwicklung der Gesellschaft. Gar nicht weit vom Ludwigsburger Residenzschloss steht Württembergs ältestes Zuchthaus, das von 1736 bis 1990 an der Schorndorfer Straße bestand. Was die Gefangenen hinter Gittern einst erwartete, zeigt heute dort das Strafvollzugsmuseum.

Um 1930 war die Landesstrafanstalt vor allem Arbeitshaus. Als Schuster produzierten die Gefangenen Stiefel, Schuhe und Pantoffeln für den Eigenbedarf und andere Gefängnisse sowie für das Militär und staatliche Behörden. Zum Teil arbeiteten die Gefangenen in ihren Zellen: Die Werkzeuge wurden morgens ausgegeben und abends wieder eingesammelt. Eine weitere typische Tätigkeit, das Tütenkleben, ist umgangssprachlich sogar gleichbedeutend mit »im Gefängnis sitzen« geworden. Die Insassen des Ludwigsburger Gefängnisses mussten im 19. Jahrhundert für die Kaffeefirma Franck (siehe Seite 132) Tüten kleben, bis ab Beginn des 20. Jahrhunderts immer häufiger Maschinen diese Arbeit übernahmen.

Zwei Guillotinen, Prügelbock und eiserne Fesseln dokumentieren, dass Verbrechen früher nicht nur mit Freiheitsentzug, sondern auch mit Züchtigungen oder dem Tod bestraft wurden. Komplette Zellen laden zum Vergleich mit ihren historischen Pendants ein. Weil die Bestände des Museums auf eine Lehrsammlung für die Ausbildung des Aufsichtspersonals zurückgehen, findet man auch Fotos von »Fremdkörperschluckern«, Destilliergeräte Marke Eigenbau für die Schwarzbrennerei und Ausbruchswerkzeuge – so fertigte sich ein Gefangener auf dem Hohenasperg aus Putzlumpen, Teppichstreifen und Decken eine Strickleiter und einen »Touristen-Anzug« inklusive Sportmütze.

Adresse Schorndorfer Straße 38, 71638 Ludwigsburg, Tel. 07141/186265, www.strafvollzugsmuseum-ludwigsburg.de | Anfahrt über B 27 | Öffnungszeiten Mai–Sept. Di–Fr 9–12 und 14–16 Uhr, So 14–18 Uhr, Okt.–April Di–Fr 9–12 und 14–16 Uhr, So 13–17 Uhr, Eintritt frei | Tipp Die vielfältigen Gärten rund um das Ludwigsburger Residenzschloss laden im Sommerhalbjahr auch zu vielfältigen Veranstaltungen ein, vom Lichterzauber bis zur Kürbisausstellung.

68_Das Storchennest

Im Neckarbiotop Zugwiesen

Den grundlegenden Wandel im Neckartal brachte die Industrialisierung – der Fluss wurde begradigt und in ein Betonkorsett gezwängt, um der häufigen Hochwasser Herr zu werden, und es entstanden Bahnlinien, Straßen und Industrie-Areale entlang seiner Ufer. Mit dem Ausbau zur kanalisierten Wasserstraße für die Großschifffahrt mit zahlreichen Staustufen und Wasserkraftwerken verschwanden auch die letzten unberührten Abschnitte zwischen Plochingen und der Mündung in den Rhein. Enge Flussschleifen, weitläufige Auenwälder und flache Ufer mit vielen Seitenarmen und Inseln sind kaum noch zu finden.

Wie vielfältig die Flusslandschaft einst war, lässt sich im Neckarbiotop Zugwiesen entdecken. Gleich gegenüber von Steilhängen mit Weinbergterrassen und markanten Felsen wurde in unmittelbarer Nähe zur Staustufe Poppenweiler (siehe Seite 146) der Uferdamm abgetragen und eine etwa 17 Hektar große Auenlandschaft geschaffen – so wie sie vor Jahrzehnten am Neckar noch typisch war. 50.000 Kubikmeter Erde wurden bewegt und 7.000 Tonnen Steine verbaut, um flache Uferzonen mit seichten Stillgewässern, Feuchtgebieten und Röhrichtflächen zu schaffen.

Vom Storchennest, der Beobachtungsplattform auf einer Insel, die man über einen Holzsteg erreicht, hat man eine schöne Aussicht auf das renaturierte Biotop. Es bietet wertvollen Lebensraum für Zwergtaucher, Teichrohrsänger, Flussregenpfeifer, Reiher- und Entenarten, und die flachen Uferzonen dienen zudem als Laichgebiet für Fische und Amphibien. Über den 1,7 Kilometer langen Zugwiesenbach als neuen Seitenarm können Fische trotz der Staustufe wieder flussaufwärts wandern. So werden sich hoffentlich auch Neckarfische wie Nase, Hasel und Barbe wieder vermehren. Die Barbe, einst wichtig für die Berufsfischerei, weil sie vom Unterlauf des Neckars in großen Schwärmen bis zu 100 Kilometer flussaufwärts wanderte, zählt heute zu den gefährdeten Arten.

Adresse 71638 Ludwigsburg-Oßweil | Anfahrt B 27 nach Ludwigsburg und L 1140 bis zum Parkplatz am Ostfriedhof, von dort drei Kilometer zu Fuß | Tipp Das »Uferstüble« in Ludwigsburg-Hoheneck öffnet im Sommer seinen Biergarten direkt am Neckar (Uferstraße 95).

69_Die Staustufe

Wasserkraft ist Energie

Lange war der Neckar nur bis Heilbronn schiffbar. Erst im 20. Jahrhundert wurde der Fluss mit zahllosen Staustufen zum Verkehrsweg mit Anschluss ans Meer – via Rhein gelangen Schiffe über die hochmoderne Wasserstraße bis nach Rotterdam und Antwerpen. Der Ausbau zur kanalisierten Bundeswasserstraße 33 hat das Landschaftsbild im Neckartal durch Flussbegradigungen stark verändert. 1958 war der Neckar bis Stuttgart ausgebaut, zehn Jahre später bis nach Plochingen. Mehr als zwei Dutzend Staustufen entstanden zwischen Plochingen und Mannheim, die ältesten stammen aus der Mitte der 1920er Jahre.

Im Zuge der Industrialisierung wurde auch die Wasserkraft interessant. Während bis zum 20. Jahrhundert das Wasser nur Mühlen für Getreide oder Öl, Sägewerke und Schmieden antrieb, die sich direkt am Ufer ansiedelten, wird heute Wasserkraft in elektrische Energie umgewandelt. Heutzutage ist die räumliche Nähe zum Wasser für Gewerbebetriebe nicht mehr vonnöten, denn der Strom kommt ja »aus der Steckdose«.

Für die Stromerzeugung betreibt und unterhält die EnBW insgesamt 27 Wasserkraftwerke am Neckar. Ein Großteil der Anlagen wurde zwischen 1925 und 1945 erbaut – oft an ehemaligen Mühlenstandorten; jünger sind das Unterwasserkraftwerk in Heidelberg aus dem Jahr 2000 und die Anlage in Esslingen von 2011.

Das Laufwasserkraftwerk bei Poppenweiler wurde 1956 in Betrieb genommen. Vor dem verschließbaren Stauwehr staut sich das Flusswasser, das zur Stromproduktion über Turbinen geleitet wird, die wiederum Generatoren im Maschinenhaus antreiben. Theoretisch können die Turbinen und Generatoren ununterbrochen laufen, in der Praxis machen extreme Trockenheit und Hochwasser auch der modernen Technik Schwierigkeiten, wie früher einst den Mühlrädern. Ziel der Staustufen ist es daher, den Pegelstand möglichst konstant zu halten, um eine optimale Energieausbeute zu erzielen.

Adresse 71642 Ludwigsburg-Poppenweiler | **Anfahrt** B 27 bis Ludwigsburg, dann Marbacher Straße und Neckartalstraße | **Tipp** Die Bäckerei Kleinle in Poppenweiler hat sich komplett auf Dinkelprodukte spezialisiert (Steinheimer Straße 18, Mo–Fr 6–18 Uhr, Sa 6.30–12.30 Uhr).

70 Der Friedhof

Dichter im Exil

In Marbach, das sich »Schillerstadt« nennt, wurde der deutsche Nationaldichter geboren, und sein Geburtshaus gehört zu den Sehenswürdigkeiten der Stadt. Schillers Lebensweg führte ihn zuletzt nach Weimar, wo er nach seinem Tod 1805 auch seine letzte Ruhestätte fand. Wer den Friedhof in Marbach besucht, oberhalb der Alexanderkirche am Hang gelegen, findet dennoch auch dort literarische Spuren. Unweit voneinander sind hier Kurt Pinthus und Kurt Wolff begraben, der Verleger zusammen mit seiner Frau Helen. Ihre Lebenswege sind eng verbunden.

Kurt Wolff (1887–1963) gründete 1913 einen Verlag, dessen Buchreihen wie »Der jüngste Tag« bis heute legendär sind und in der Kurt-Wolff-Stiftung bis heute ihren Nachhall in der Buchwelt finden. Mit seiner Frau Helen emigrierte der erste Verleger Kafkas über Frankreich in die USA, wo sie zusammen den Verlag Pantheon Books gründeten. Nach dem tragischen Unfalltod ihres Mannes in Ludwigsburg – auf dem Weg nach Marbach wurde er von einem Lkw überfahren – übernahm Helen Wolff 1963 die Verlagsgeschäfte allein.

Kurt Pinthus (1886–1975) ist vor allem bekannt als Vermittler des literarischen Expressionismus. 1920 veröffentlichte er im Rowohlt Verlag »Menschheitsdämmerung«, eine Anthologie expressionistischer Lyrik, die zum Standardwerk wurde. Auch als Lektor im Verlag von Kurt Wolff verhalf er vielen Autoren zur Veröffentlichung. 1937 floh der Schriftsteller, Dramaturg und Journalist in die USA und kehrte erst 1967 aus der Emigration zurück. In Marbach verbrachte er seine letzten Lebensjahre, wo das Deutsche Literaturarchiv heute seinen Nachlass ebenso betreut wie das Helen-und-Kurt-Wolff-Archiv.

Dass das Deutsche Literaturarchiv zu den wichtigsten Sammel- und Forschungsstätten für Exilliteratur gehört, verdankt sich vor allem dem Engagement von Gründungsdirektor Bernhard Zeller (1919–2008). Sein Grab liegt nicht weit entfernt …

Adresse Am Alten Markt, 71672 Marbach | **ÖPNV** S 4 bis Bf Marbach | **Anfahrt** A 81 bis Pleidelsheim, dann Marbacher Straße und Bottwartalstraße | **Öffnungszeiten** tagsüber bis zur Dämmerung je nach Jahreszeit | **Tipp** Die Schillerglocke im Glockenturm der Alexanderkirche wird jeweils zum Geburts- und Todestag von Friedrich Schiller geläutet.

71 Die Holdergassen

Schiller ist der Knüller

»Ein Wirtemberger ohne Wein, kann der ein Wirtemberger sein?«, reimte Friedrich Schiller schalkhaft – und rein rhetorisch zweifelsohne. In der »Schillerstadt« am Neckar ist der Dichter allgegenwärtig: Hier ist das Schiller-Nationalmuseum zu Hause, in der Parkanlage Schillerhöhe steht ein Schiller-Denkmal, der Wein-Lese-Weg vereint Literatur und Reblandschaft, und in der Niklastorstraße 31 wurde der »berühmteste Sohn« der Stadt 1759 geboren – das restaurierte Fachwerkhaus ist heute eine Gedenkstätte. Doch obwohl von dem Nationalautor auch die Zeilen »Wundervoll ist Bacchus' Gabe, Balsam fürs zerrissne Herz« stammen, stand mit Wein tatsächlich eher sein Vater Johann Kaspar Schiller in Verbindung. Dieser veröffentliche 1767 im Stuttgarter Cotta-Verlag die Abhandlung »Betrachtungen der landwirtschaftlichen Dinge in dem Herzogthum Wuerttemberg«, und die Abschnitte über Weinbau darin sind interessante historische Dokumente.

In den Holdergassen lässt sich noch erfahren, in welch ärmlichen Verhältnissen die Weingärtner in Marbach einst lebten, im Gegensatz zum Wohlstand der Bürger und Kaufleute mit großen, überaus stattlichen Fachwerkhäusern in der Marktstraße. Viele kleine Häuser und ihre gegenüberliegenden (heute zu Wohnungen umgebauten) Scheunen drängen sich hier dicht an dicht. Die drei parallel verlaufenden, recht kurzen Straßenzüge waren einst das Quartier der Wengerter, Handwerker und Kleinbauern. Heute trägt so manches windschiefe, oft liebevoll restaurierte Winzerhäuschen zum malerischen Flair der Fachwerkstadt bei; und überall grünt und blüht es in Oberer, Mittlerer und Unterer Holdergasse. Alle zwei Jahre teilen die Holdergässler ihr Viertelchen mit Gästen und öffnen die Tore zu Höfen und Gewölbekellern. Und wer ein frisch gezapftes Bier bevorzugt, stattet der Salzscheuer einen Besuch ab, einer Mikrobrauerei mit kleiner Gaststube. Die Kelter der Marbacher Weingärtner findet man am Ortsrand in der Affalterbacher Straße.

Adresse Salzscheuerbrauerei, Mittlere Holdergasse 11, 71672 Marbach, Tel. 07144/889754, www.salzscheuer.com | **ÖPNV** S 4 bis Bf Marbach | **Anfahrt** A 81 bis Pleidelsheim, dann Marbacher Straße und Bottwartalstraße | **Öffnungszeiten** täglich bis 23 Uhr | **Tipp** Vegetarisches bevorzugt? Im »Amaranth« kann man bei schönem Wetter auch draußen sitzen (Niklastorstraße 32, Di–Fr 12–14 und 18–22 Uhr, Sa 18–22 Uhr).

72 Die Ölmühle

Firnis und Schmierfett, Druckerschwärze und Speiseöl

Im 19. Jahrhundert hatte es bereits wasserkraftbetriebene Öl-, Getreide- und Sägemühlen am Neckar gegeben, die für den Bau des Elektrizitätswerks 1898 abgebrochen wurden. Zunächst belieferte es nur Stuttgart mit Strom, ab 1906 auch Marbach. Bereits wenige Wochen darauf richtete Friedrich Jäger in seinem Wohnhaus die erste elektrische Ölmühle der Region ein. Wenn der Ölmüller morgens die Maschinen anwarf, entzog er für kurze Zeit der ganzen Nachbarschaft den Strom.

In der Oberen Holdergasse verarbeitete Friedrich Jäger unter anderem Raps – das zähflüssige Öl diente als Maschinenschmierfett und Lampenöl. Auch aus Leinsamen wurde Öl gewonnen, das zu Lack und Firnis oder mit Glanzruß vermischt zur Druckerschwärze weiterverarbeitet werden konnte. Walnüsse, Mohnsamen (solange das noch erlaubt war) und Bucheckern (vor allem in Notzeiten) wurden zu Speiseöl gepresst: vier Pfund Walnüsse, fünf Pfund Mohn oder acht Pfund Bucheckern ergaben jeweils einen Liter Öl. Die Jäger'sche Ölmühle war eine Lohnschlagmühle – vormittags lieferten Bauern, Händler oder Familien aus der Umgebung die Ölsaat an und konnten das Öl am Nachmittag wieder abholen. Zuerst wog der Ölmüller die Ölsaat, dann wurde sie gebrochen, erhitzt und in Bottichen zwischen Rosshaardeckeln gepresst. Für die Verarbeitung wurde ein »Schlaglohn« (der Begriff ist abgeleitet vom Einschlagen der Keile in die Presse) erhoben – wahlweise mit oder ohne Rückgabe der Pressrückstände. Dieser sogenannte »Ölkuchen« konnte an das Vieh verfüttert werden.

Der gesamte Produktionsprozess kann heute in der betriebsfähig erhaltenen Mühle besichtigt werden: Über Transmissionsriemen betreibt der historische Elektromotor die Schrotmühle, das Rührwerk des Wärmeofens, den Kollergang und die Hydraulikölpumpe. Solch riemengetriebene Maschinenanlagen gelten als erhaltenswerte Industriedenkmäler – später wurden sie durch Einzelantriebe ersetzt.

Adresse Obere Holdergasse 2, 71672 Marbach | **ÖPNV** S 4 bis Bf Marbach | **Anfahrt** A 81 bis Pleidelsheim, dann Marbacher Straße und Bottwartalstraße | **Öffnungszeiten** letzter So im Monat 14–17 Uhr | **Tipp** Der Biergarten vom Bootshaus Marbach profitiert von der Lage direkt am Neckarufer (Mühlwert 1, Mo–Sa 11–24 Uhr, So 10–24 Uhr).

73 Der schiefe Turm

Auffallend schräg – auffallend robust

Es wäre zumindest möglich: Die 900 Jahre alte Martinskirche wurde vielleicht genau am 11.11.1111 eingeweiht. Seit dendrochronologische Untersuchungen das Alter der Dachbalken bestimmten, steht zumindest das Jahr fest, und der 11. November ist der Namenstag des heiligen Martin. Im Inneren beeindruckt die romanische Säulenbasilika durch mittelalterliche Wandmalereien in den Apsiden und in der Vorhalle. Von außen betrachtet fällt auf, dass ihr Glockenturm deutlich zur Seite abdriftet.

»Auf diesen Felsen werde ich meine Kirche bauen«, heißt es bei Matthäus Kapitel 16, Vers 18 zugunsten fester Fundamente. Was durchaus buchstäblich zu nehmen wäre: Von tonnenschweren Kirchtürmen auf weichem Untergrund ist abzuraten. Tatsächlich gehen zur Seite geneigte Türme meist auf Absenkungen im Boden zurück; andere »verdanken« ihre Schieflage Baumaßnahmen: In Köln war vom unterirdischen U-Bahn-Bau auch eine Kirche im Severinsviertel betroffen. Unter hohem Kostenaufwand wurde ihr Turm wieder aufgerichtet.

Schiefer geht's immer: Mit 1,31 Metern bewegt sich die Neigung des Neckartailfinger Kirchturms im Mittelfeld im weltweiten Gerangel der Geneigten. Einen Eintrag im Guinnessbuch der Rekorde als schiefster Turm beanspruchen Bauwerke von Ostfriesland bis in die Alpen, je nachdem, ob die absolute Spanne oder der Neigungswinkel den Ausschlag gibt. Nicht das schiefste, aber das bekannteste Bauwerk mit Neigung, der schiefe Turm von Pisa, wurde durch einen Hubakt von 5,5 Grad auf knapp vier Grad hochgezogen und mit riesigen Gewichten unterirdisch verankert. Der berühmte Campanile kippte schon kurz nach Baubeginn und überdauerte Jahrhunderte in Schieflage.

In Neckartailfingen neigte sich der 33 Meter hohe Turm, im Jahr 1501 in spätgotischem Stil errichtet, wegen Knollenmergels im Untergrund bereits während des Baus. Regelmäßigen Messungen zufolge nimmt der Überhang aber nicht mehr zu.

Adresse Schulberg 10, 72666 Neckartailfingen, www.ev-kirche-neckartailfingen.de | Anfahrt über B 27 und B 312 | Tipp Zu den richtig guten Restaurants der Region mit angenehmer Atmosphäre gehört das »Gasthaus Schwanen« (Nürtinger Straße 18, Tel. 07127/929420).

74 Das Sofazügle

Mit Volldampf und Rullala

Damit die im Volkslied landläufig gewordene »Schwäb'sche Eisebahne« zumindest ab und zu noch durchs Ländle dampft und nicht nur im Museum steht, gründeten Eisenbahnfreunde 1965 die »Gesellschaft zur Erhaltung von Schienenfahrzeugen Stuttgart e.V.« (GES). Seit in den 1960er Jahren eine württembergische Bahnstrecke nach der anderen aufgegeben wurde, verbringen die aktiven Vereinsmitglieder einen erheblichen Teil ihrer Freizeit mit der ehrenamtlichen Restaurierung und Instandhaltung historischer Eisenbahntechnik. Ein besonderes Schmuckstück ist die Dampflok »wü. T3 930«, 1905 in Heilbronn gebaut und nach jahrzehntelanger Aufarbeitung wieder betriebsfähig. Überdies organisiert die GES Dampfzugfahrten für ein breites Publikum: Als Museumseisenbahn verkehrt der »Feurige Elias« zwischen Zuffenhausen und Weissach auf der 22 Kilometer langen Strecke der Strohgäubahn.

Schnaubend, zischend und enorme Dampfwolken ausstoßend zuckelt daneben das »Sofazügle« auf der Tälesbahn von Nürtingen nach Neuffen. Die neun Kilometer lange Strecke der Württembergischen Eisenbahn (WEG) mit einer Höhendifferenz von 111 Metern wurde im Jahr 1900 eröffnet. Also tragen alle Eisenbahner historische Uniformen der Jahrhundertwende, vom Schaffner über den Lokführer bis zum Heizer; »Billetle« sind im Zug erhältlich. Und übrigens: Die Endstation, der im Jugendstil erbaute Bahnhof Neuffen, ziert als Miniatur viele Modelleisenbahnanlagen.

Als Zuglokomotive für das Bähnle kommt die Dampflok »38 3199« aus dem Jahr 1921 zum Einsatz (ansonsten im Eisenbahnmuseum Heilbronn beheimatet). Die auch »Mädchen für alles« genannten Loks der Baureihe P8 wurden in Baden-Württemberg noch bis 1974 genutzt. Die altertümlichen Personenwaggons besitzen alle Perrons, offene Plattformen. Und wie im Volkslied besungen, bietet der »Restaurationswagen« während der 30-minütigen Fahrt kleine Speisen und Getränke an.

Adresse Bahnhof Nürtingen, Bahnhofstraße 8, 72622 Nürtingen | ÖPNV Regional-Express bis Bf Nürtingen | Anfahrt B 10 und B 313 bis Nürtingen | Öffnungszeiten Verkehrstage zwei- bis viermal jährlich; Infos: GES, Tel. 07025/4164, www.ges-ev.de | Tipp Im Nürtinger Käsekontor sind Sorten aus dem Ländle und aus ganz Europa im Angebot sowie mittags ein wechselndes Tagesgericht (Schlossberg 3, Mi–Fr 10–18, Sa 10–14 Uhr).

75_Die Villa Rustica

Landleben mit höchstem Wohnkomfort

Da staunten die Germanen: So ein römischer Gutshof war mit allen technischen Raffinessen für Wohnkomfort ausgestattet, neben einer Fußbodenheizung auch mit mehreren Bädern. Mit der Ausweitung des Imperium Romanum nach Norden gelangten römische Zivilisation und Lebensart in die neuen Provinzen jenseits der Alpen. Rund um Stuttgart sind eine ganze Reihe Überreste römischer Gutshöfe erhalten, von denen im heutigen Baden-Württemberg über 1.000 nachgewiesen werden konnten. Wie heutige Aussiedlerhöfe waren sie über das Land verteilt, und ihre Bewohner strebten danach, dem Lebensstandard Roms nachzueifern.

Die Villa Rustica in Oberensingen wurde um 100 nach Christus erbaut und später mehrmals erweitert. Die knapp 2.000 Jahre alte Anlage am Hang des Galgenbergs mitten im Neubaugebiet wurde bei dessen Erschließung entdeckt und Ende der 1980er Jahre freigelegt. Mit einer Fläche von 280 mal 180 Metern zählt das einst ummauerte Hofareal mit Wohngebäude und Wirtschaftsbauten zu den größten römischen Gutshöfen im Südwesten. Ausschlag für den Standort des Gutshofs gaben einerseits die Nähe zur Römerstraße Neckar-Alb-Aare, andererseits das Vorhandensein einer Quelle und wohl auch die Fernsicht. Vermutlich versorgte der Gutshof das Kastell im nahe gelegenen Grinario, dem heutigen Köngen (siehe Seite 112), mit Lebensmitteln. Dort verlief die Grenze, bis sie um 150 nach Christus weiter nach Osten vorgeschoben und die Garnison von Köngen nach Aalen verlegt wurde. Das Dorf und die umliegenden Gutshöfe bestanden zunächst weiter; damals hatte die Ausdehnung des römischen Reichs ihren Höhepunkt erreicht. Nach einem Brand um 230 nach Christus wurde die Villa in Nürtingen noch einige Zeit für wirtschaftliche Zwecke genutzt. Alamanneneinfälle führten zur Abwanderung der Bevölkerung; in der zweiten Hälfte des 3. Jahrhunderts wurde das Gebiet gänzlich von den Römern aufgegeben.

Adresse In den Seelen, 72622 Nürtingen-Oberensingen | **Anfahrt** A 8 bis Abfahrt Wendlingen, dann B 313 bis Nürtingen, am Freibad der Friedrich-Glück-Straße weit den Hang hinauf folgen | **Öffnungszeiten** frei zugänglich | **Tipp** Die Überreste weiterer römischer Gutshöfe wurden bei Kernen-Rommelshausen und Besigheim entdeckt. Die Rekonstruktion der Hechinger Villa Rustica findet sich sogar in »Der Papyrus des Caesar«, Band 36 der Asterix-Serie, wieder.

76__Die Mauern

Kunst findet im Kopf statt

Auf völliges Unverständnis stießen einige Kunstwerke, die im Sommer des Documenta-Jahres 1992 rund um Stuttgart im öffentlichen Raum errichtet wurden. An dem gemeinsamen Skulpturenprojekt »Platzverführung« beteiligten sich 18 Orte von Aalen bis Sindelfingen. Vom damals schon überholten Vorhaben Stuttgarts, sich um die Olympischen Spiele 2004 zu bewerben, auch mit einem Kulturprogramm in der Region, war ein Arbeitskreis von Städten übrig geblieben. Gemeinsam lud man Rudi Fuchs als Kurator einer Skulpturenschau ein. Der umtriebige Documenta-Macher von 1982 machte größtmögliche Entscheidungsfreiheit zur Bedingung und beauftragte Künstler seiner Wahl, für vorher ausgesuchte Orte den Genius loci einzufangen.

Mit der Aufgabe, das Augenmerk auf lokale Gegebenheiten zu richten, ging jeder Künstler anders um. Der Amerikaner Sol LeWitt (1928–2007), Vertreter des Minimalismus und der Konzeptkunst, entwarf für Ostfildern ein vierteiliges Werk – bestehend aus kargen weißen Mauern. Die fünf mal fünf Meter großen Wände aus Kalksandstein stehen einzeln, zu einem rechten Winkel, einer U-Form und schließlich zu einem geschlossenen Geviert zusammengesetzt an vier Straßenkreuzungen. Die Standorte sind mit Bedacht gewählt, denn die »Structure« betitelte Monumentalplastik symbolisiert die vier Dörfer Kemnat, Nellingen, Ruit und Scharnhausen, aus denen 1975 die Stadt Ostfildern neu entstand. »Ideen allein können Kunstwerke sein«, war LeWitts These – auch die Idee der Mauern erschließt sich dem Betrachter erst, wenn er die vier Teile in einen Zusammenhang bringt.

In Ostfildern wie anderswo begriff die Bevölkerung die Ergebnisse der konzertierten Kunstaktion teils als Anmaßung und Zumutung, es begannen Diskussionen und Streitereien über Sinn und Unsinn der »Kunstbeglückung von oben«. Heute wäre manch ein Künstler erfreut über vergleichbare Aufmerksamkeit und Kontroversen.

Adresse Kreuzungen: Plieninger Straße / Reutlinger Straße zwischen Scharnhausen und Kemnat; Scharnhauser Straße zwischen Ruit und Scharnhausen; Stuttgarter Straße / Möhringer Weg zwischen Heumaden und Ruit; Rinnenbachstraße / Kreuzbrunnenstraße zwischen Ruit und Nellingen | **Anfahrt** über Sillenbuch oder B 10 | **Tipp** Durch das idyllische Körschtal führt der neun Kilometer lange Obst- und Naturlehrpfad mit 50 Thementafeln. Frisch Geräuchertes gibt es bei der Körschtal-Forellenzucht in der Robert-Bosch-Straße in Denkendorf.

77 Der Amortempel

Carls Refugium unter Beschuss

Der kleine Amortempel ist heute wieder in voller Pracht zu bewundern. Bei der Sanierung ab 2012 gab es jedoch böse Überraschungen. Ursprünglich befand sich das kleine Baudenkmal im Bereich der heutigen Stallungen. Als König Wilhelm I. 1822 dort sein Privatgestüt errichten ließ, wurde das 1788 erbaute Tempelchen an den heutigen Standort versetzt und passend zur Anzahl seiner zwölf ionischen Säulen mit zwölf Kastanienbäumen umpflanzt. Die entwickelten sich zwar prächtig, doch unter dem alljährlichen Herbst-Bombardement durch die Kastanien litten die Schieferschindeln der Kuppel, und das nach und nach eindringende Wasser richtete erhebliche Schäden an.

Der landschaftliche Reiz des malerischen Körschtals bewog Herzog Carl Eugen (1728–1793), ab 1784 in Scharnhausen ein kleines Lustschlösschen als Rückzugsort erbauen zu lassen: »Carolus Otio«, verkündet die Inschrift am Giebel des Säulenportikus. Zu dieser Zeit war Franziska von Hohenheim (1748–1811) seit zwölf Jahren die offizielle Mätresse des württembergischen Landesherrn; im Jahr darauf wurde sie seine zweite Ehefrau. Der Vatikan erkannte die Eheschließung des katholischen Herzogs mit einer geschiedenen Protestantin erst 1791 an.

Der despotische Herzog, der sich in den ersten drei Jahrzehnten seiner Herrschaft durch verschwenderischen Prunk und barocke Prachtentfaltung hervorgetan hatte, ließ, vielleicht unter dem mäßigenden Einfluss der frommen Pietistin Franziska, ein bescheidenes »Schlössle« und rundherum einen englischen Landschaftsgarten anlegen. Wie in Hohenheim, das Franziska 1772 als Schenkung erhielt, entstand auch in Scharnhausen eine inszenierte Landschaft mit Alleen und geschwungenen Wegen, romantischen Wasserläufen und Teichen, einer Grotte und einer künstlichen Ruine. Ob der Amortempel auch eine Liebeslaube war, ist nicht belegt: Antikisierende Säulenbauwerke finden sich in vielen Gärten der Epoche.

Adresse Verlängerung der Wagenmannsteige, 73760 Ostfildern-Scharnhausen | **ÖPNV** U 7 bis Haltestelle Ostfildern-Ruit, dann Bus 35 bis Haltestelle Scharnhausen Gestütshof | **Öffnungszeiten** jederzeit öffentlich zugänglich | **Tipp** Die Hofer Mühle in der Ruiter Straße 64 war einst Bestandteil des Königlichen Privatgestüts. Der gusseiserne Brunnen von 1822 mit einem Fohlen-Motiv erinnert daran.

78__Der Vulkanembryo

Ein Möchtegern-Feuerspeier

Wer sich für Vulkane in Baden-Württemberg interessiert, dem fallen wahrscheinlich der Kaiserstuhl nahe Freiburg oder der Hohentwiel im Hegau ein. Doch auch bei Stuttgart schlummern Überreste früherer Feuerberge im Boden: Bei Scharnhausen ist der nördlichste Vulkanschlot der Schwäbischen Alb zu finden. Das geologische Naturdenkmal vermittelt allerdings kaum noch eine Vorstellung von den explosiven Zuständen, die Jahrmillionen zuvor an dieser Stelle herrschten.

In der erdgeschichtlichen Epoche des Tertiärs war die heutige Alb ein echter »Hot Spot« – wie heute noch Island, Hawaii oder Sizilien. Dass hier glühendes Magma an die Oberfläche stieg und heiße Gase austraten, ist lange her, etwa 17 Millionen Jahre. Rund 350 Schlote sind im Gebiet der Schwäbischen Alb dokumentiert, einst echte Feuerspucker: Lava ist zwar wohl wenig ausgeflossen, doch wo das Magma mit dem Grundwasser in Kontakt geriet, dehnte sich der entstehende Wasserdampf aus, und es kam zu gewaltigen Explosionen und Erdsprengungen. Dabei entstanden sowohl zahlreiche Vulkanberge wie der Jusiberg, der Engelberg bei Beuren und der Metzinger Weinberg als auch weitläufige Trichter wie das Randecker Maar.

Aktive Vulkane gibt es in Deutschland nicht mehr, der »Schwäbische Vulkan« gilt als erloschen, und das letzte Mal richtig rumort hat es in der Eifel – vor rund 11.000 Jahren. Während am Albtrauf die kegelförmigen Hügel deutlich sichtbar von einstiger vulkanischer Aktivität zeugen, ist der Scharnhauser Schlot für Laien gar nicht wahrnehmbar. Geologen erkennen die kreisförmige Fläche von 150 Metern Durchmesser am vulkanischen Tuffgestein im Gegensatz zum Keuper rundherum. Als Embryo gilt er nicht, weil er so klein ist, sondern so nennt man Vulkanschlote, deren Magma nicht an der Oberfläche austrat, sondern langsam unter der Erdoberfläche erstarrte, also quasi stecken blieb.

Adresse Ruiter Straße, 73760 Ostfildern-Scharnhausen | **Anfahrt** B 10 bis Abfahrt Ostfildern oder A 8 bis Abfahrt Plieningen | **Tipp** Die »Alte Wache« mit Brasserie-Ambiente drinnen und ruhiger Terrasse und Spielwiese draußen bietet auf der Speisekarte etwas für jeden Geschmack (Scharnhauser Park, Claude-Dornier-Straße 4, täglich 11–23 Uhr).

79__Die Bürgergärten

Frösche, Sitz- und Flitzhasen

Aus der Luft betrachtet sind die Traumfelder größtenteils bebaut, und zwar »urban verdichtet«. So heißen im Stadtplaner-Deutsch dicht gedrängte Handtuch-Reihenhäuser und Geschosswohnungsbau. Mit dem Motto »Traumfelder« war die Landesgartenschau 2002 auf den damals noch unbebauten Flächen angetreten; 950.000 Besucher brachte sie nach Ostfildern. Nach sechs Monaten verschwand die gärtnerische Spielwiese, und als neuer Stadtteil entstand der Scharnhauser Park. Bis 1992 hatten US-Amerikaner die »Nellingen Barracks« als Garnisonsstandort genutzt. Als feststand, dass die Streitkräfte die Kasernen verlassen würden, begann die Stadt mit der Bebauungsplanung für das 140 Hektar große Gelände.

Was von der blühenden Pracht der Gartenschau blieb, sind weiträumige öffentliche Freiflächen und Grünzonen für den neuen, vielfach mit Preisen ausgezeichneten Stadtteil wie der Baumhain, die Holzwiesen und die Landschaftstreppe. Der 40 Meter breite und rund einen Kilometer lange, durch weiße Treppen gegliederte Grünstreifen mit leichtem Gefälle und Blick auf die Schwäbische Alb bildet das Rückgrat des gigantischen Siedlungsprojekts. Am westlichen Rand wirken die Bürgergärten wie ein kleiner Stadtpark. So genannt, weil sie in Eigeninitiative weitergepflegt werden, findet man dort Spielplätze und einen Geogarten, der »Erdgeschichte zum Anfassen« bietet, einen Rosen- und einen Bibelgarten sowie den »Froschwasserbrunnen« mit farbenprächtigen Gießkannen und Fröschen aus Kunststoff. Wie der Brunnen sind die »Sitz- und Flitzhasen« ein Werk der Stuttgarter Künstlerin rosalie (siehe Seite 22) für die Landesgartenschau. Vorbei an den überdimensionalen Kunststoffhasen führt die Kastanienallee bis zum Scharnhauser Schlösschen, wo die noch erhaltenen Gebäude des ehemaligen Königlichen Privatgestüts daran erinnern, dass der Scharnhauser Park vor seiner militärischen Nutzung einst als Pferdekoppel diente.

Adresse Scharnhauser Park, 73760 Ostfildern-Scharnhauser Park | ÖPNV U 7, U 8, Haltestelle Scharnhauser Park oder Scharnhauser Park Kreuzbrunnen | Anfahrt B 10, Hedelfinger Filderauffahrt, Kirchheimer, Stuttgarter, Bonhoeffer Straße | Tipp Mit Architekturpreisen bedacht wurde auch das um fünf Grad geneigte Stadthaus in Ostfildern.

80 Die Schlüsselsteine

Zeugnisse der Geschichte

Gedenksteine erinnern an »denkwürdige« Ereignisse und Persönlichkeiten; Sühnekreuze wurden nach einem Unglücksfall, etwa bei der Jagd oder durch Blitzschlag, nach Mord oder Totschlag als Sühneleistung errichtet. Historische Grenzsteine informieren über einstige Besitzverhältnisse. Wie diese Kleindenkmäler sind Weinberghäuschen und Feldunterstände, Bildstöcke und Brunnen, Denkmäler und Wegweiser, Grubbänke und Wegkreuze wichtige, aber oft übersehene Zeugnisse des Alltags. Weil ihre Bedeutung kaum mehr bekannt ist, aber auch aufgrund von Straßenbau, Verwitterung oder Beschädigung, verschwinden sie, ohne dass es jemandem auffällt.

Grenzsteine blieben am häufigsten in Waldgebieten erhalten, während sie auf den Äckern den Flurbereinigungen zum Opfer fielen. Von den Grenzsteinen des Stifts Sankt Peter auf dem Einsiedel stehen zehn konisch geformte Exemplare rund um das Hofgut, die zu den ältesten der Region gehören.

Obwohl der Einsiedel schon im Namen auf Rückzug und Ruhe deutet und im Mittelalter tatsächlich Einsiedlermönche hier im Wald Stille und Abgeschiedenheit fanden, belegen Siedlungsspuren aus der Steinzeit wie aus keltischer und römischer Zeit, dass die von drei Seiten durch Täler begrenzte Ebene schon früh ein beliebter Siedlungsplatz war. Das Hofgut blickt auf eine lange Vergangenheit zurück: Im Jahr 1492 von Graf Eberhard im Barte als Stift Sankt Peter gegründet, übertrug er Einsiedel Gebäude und Land. Heute gehört das Hofgut dem Herzog von Württemberg und dient als Jugendhaus der katholischen Dekanate Rottenburg und Reutlingen. Am geschichtlichen Lehrpfad ist einer der Schlüsselsteine zu entdecken, weitere rund um das dem Stift einst übertragene Gebiet. Die gekreuzten Schlüssel stehen als Zeichen für den Namenspatron von Sankt Peter, den Apostel Petrus. Auch auf den Kutten der im Stift wohnenden Laienbrüder waren die gekreuzten Schlüssel angebracht.

Adresse Geschichtlicher Lehrpfad Einsiedel, 72124 Pliezhausen-Rübgarten, www.kleindenkmale-schoenbuch.de, www.naturpark-schoenbuch.de | **Anfahrt** B 27 bis Abfahrt Kirchentellinsfurt, Richtung Hofgut Einsiedel bis zum Wanderparkplatz Rotes Tor | **Tipp** Das Pfeilergrabmal Kirchentellinsfurt stand einst an der Römerstraße Neckar-Alb-Aare. Unweit seines Fundortes wurden die erhaltenen Teile am Parkplatz zwischen B 27 und Abzweigung zum Hofgut Einsiedel aufgestellt.

81 Das Klohäuschen

Öffentliche Arschitektur

Wer ein dringendes Bedürfnis hat, muss nach einem »stillen Örtchen« suchen. In der Regel sollen solche zur »Stadtmöblierung« gehörenden Bauten möglichst wenig auffallen; gern werden sie beispielsweise in Litfaßsäulen versteckt. Es mutet ein wenig seltsam an, dass sich ausgerechnet ein so unaufgeregter Ort wie Plochingen eine extravagante öffentliche Toilette leistet. Vielleicht hat der »Regenturm«, das eigenartige Gebäude nach Plänen des Weltenumarmers Friedensreich Hundertwasser, alle Schleusen geöffnet.

Aber es hätte noch ganz anders kommen sollen: Als im Jahr 2005 der Auftrag zur Gestaltung einer öffentlichen Toilette an Tomi Ungerer erging, favorisierte der elsässische Künstler zunächst einen deutlich gewagteren Entwurf. Wäre es nach Ungerer gegangen, stünde heute in Plochingen der »größte Arsch der Welt«. Der Illustrator, Grafiker und Kinderbuchautor ist eben auch leidenschaftlicher Karikaturist und Satiriker. Aufmunternde Worte über der WC-Tür für das zu verrichtende Geschäft – »Übung macht den Meister« – waren der harmlose Teil. Für Erregung sorgte das Dach: Auf dem WC sollte ein überdimensionales Hinterteil thronen. Auch »Tatsch ma Arsch«, die Witzelei über das Vorbild Tadsch Mahal, kam nicht gut an.

So mutig waren die Stadtväter dann doch nicht, die anrüchige Kuppel entfiel ersatzlos. Das 2007 eingeweihte Bauwerk wirkt eher märchenhaft: Ein Frosch spuckt meterweise Klopapier, auf der anderen speit ein Drache (üble?) Dämpfe. Auffallend wirkt der Kubus vor allem durch seine kräftigen Farben Schweinsrosa und Moosgrün, erst auf den zweiten Blick fällt auf, dass der Zierfries aus stilisierten Toilettenbrillen besteht.

Tomi Ungerer respektierte die Einwände der Stadt, bedauerte allerdings abschließend die Entscheidung für ein abgemildertes Kunstklo: Seiner Einschätzung zufolge hätte der »größte Arsch der Welt« der Stadt einen Eintrag im Guinnessbuch der Rekorde verschafft.

Adresse Schorndorfer Straße, 73207 Plochingen | ÖPNV Regional-Express, S 1 bis Bf Plochingen | Anfahrt über B 10 | Tipp Der Innenhof des Hundertwasser-Hauses kann tagsüber besichtigt werden.

82 Die Sparkassen-Halle

Autos in den Fluten

Die Szenerie in Stuttgart erinnerte an die Sintflut: Im August 1972 ging ein schweres Unwetter mit fast tropischem Platzregen, heftigen Windböen und taubeneigroßen Hagelkörnern über der Landeshauptstadt nieder. Der Himmel wurde schwarz und verwandelte den hellen Nachmittag in eine sturmgepeitschte Nacht; reißende Fluten setzten die Straßen der Innenstadt unter Wasser. Am nächsten Tag berichteten die Zeitungen über die traurige Bilanz der Katastrophe, bei der etliche Tote und Verletzte sowie ein enormer Sachschaden zu beklagen waren.

Ein Zeitungsfoto zeigte, wie die Wassermassen mehrere Autos mitrissen – für HAP Grieshaber (1909–1981) war dies wie ein Zündfunke: Einen Tag später stellte der Künstler die beiden fehlenden Holzstöcke 11 und 12 fertig. Zehn Holztafeln der »Sintflut« gab es bereits, doch dann war Grieshaber einfach nicht weitergekommen – der Bezug zur Gegenwart hatte ihm gefehlt.

Heute hängt die monumentale Sintflut-Darstellung in der Kundenhalle der Kreissparkasse: Auf dem großformatigen Wandbild aus zwölf Einzelholzschnitten, jeder einen Meter breit und drei Meter hoch, versinken auch Autos in den Fluten. Von den riesigen Holzstöcken (die das Zoologische Institut der Universität Heidelberg erhielt) existieren drei Abzüge (auf Papier oder Glasvlies), für das Nationaltheater in Mannheim, die Kunsthalle Rostock und für Plochingen.

HAP Grieshaber, gelernter Buchdrucker und Schriftsetzer, hatte Kalligrafie studiert und als Illustrator und Grafiker gearbeitet, erhielt jedoch ab 1933 Berufsverbot. In den 1950er Jahren wurde er an die Akademie der Bildenden Künste Karlsruhe berufen und nahm an den ersten drei Documenta-Ausstellungen in Kassel teil. Der Holzschnitt war sein bevorzugtes künstlerische Medium: Mit dem für ihn typischen grafischen Stil gab Grieshaber dem Holzschnitt eine neue Dimension und schuf ein unverwechselbares Lebenswerk.

Adresse Kreissparkasse, Am Fischbrunnen 3, 73207 Plochingen | **ÖPNV** Regional-Express, S 1 bis Bf Plochingen | **Anfahrt** über B 10 | **Öffnungszeiten** Mo, Di, Do, Fr 9–12 und 14–17 Uhr, Mi 9–12 Uhr | **Tipp** Der Plochinger Bahnhof, nach wie vor im Dienst, wurde 1905–1907 von dem renommierten Architekten Theodor Fischer im Jugendstil erbaut, wie auch die Eisenbahnersiedlung gegenüber.

83 Die Fachwerkbrücken

Auf dem Holzweg

Die beiden seitlich verglasten Brücken über Neckar und Rems sind so etwas wie die Wahrzeichen von Remseck, dem Ort, der aus fünf Stadtteilen erst zusammenwachsen musste. Seit 1975 sind die Dörfer Aldingen, Hochberg, Hochdorf, Neckargröningen und Neckarrems im Rahmen der Gebietsreform zusammengeschlossen, in den 1990er Jahren kam nach Abzug der US-Streitkräfte die Siedlung Pattonville noch hinzu.

1988 und 1990 wurden die beiden überdachten Brücken für Fußgänger und Radler errichtet – seinerzeit war die Neckarbrücke mit ihrer Spannweite von 88,2 Metern die längste freitragende Holzbrücke der Welt. Wie die bauartgleiche, 51,2 Meter lange Remsbrücke gilt sie bis heute als architektonische Meisterleistung aus Fachwerk und wurde 1991 mit dem European Glulam Award ausgezeichnet, einem Preis für herausragende Holzleimbaukonstruktionen. Das innovative dreiecksförmige Tragwerk wurde von den Bauingenieuren Erich Milbrandt und Dieter Sengler aus Stuttgart geplant und von der Firma Holzbau Stephan aus Gaildorf ausgeführt. Mit Kränen wurde die an Land zusammengefügte, 180 Tonnen schwere Brücke auf ihre Betonfundamente gehievt.

Bis zur Industrialisierung war Holz der dominierende Baustoff, doch im 19. Jahrhundert traten neu entwickelte Materialien wie Guss, Eisen, Stahl und im 20. Jahrhundert der Beton in den Vordergrund. Erst seit Kurzem gewinnt Holz als nachwachsender Rohstoff wieder an Bedeutung: Aus ökologischen Gründen, insbesondere für den Klimaschutz, erobert das Material dank modernen Fertigungs- und Verbindungstechniken sowie in intelligenter Kombination mit anderen Werkstoffen ganz neue Einsatzbereiche. Besonders in Österreich, aber auch in Deutschland und der Schweiz hat sich der moderne Ingenieurholzbau signifikant entwickelt. Vermehrt werden auch wieder Brücken aus Holz gebaut, und sogar mehrgeschossige Wohngebäude aus Holz entstehen in den Innenstädten.

Adresse Fellbacher Straße, 71686 Remseck | ÖPNV U 14 bis Haltestelle Remseck | Anfahrt B 27 bis Kornwestheim, dann L 1144 | Tipp Einen Hofladen führt der Bauernhof Leutenecker (Hohe Anwand 1, Mi–Fr 10–18, Sa 9–14 Uhr).

84 Der Hechtkopf

Wälder auf Reisen

In weiten Mäandern nähert sich die Rems Stuttgart und mündet am Hechtkopf nördlich der Stadt in den Neckar. Um das idyllische Plätzchen tost zwar hörbar der Verkehr, aber neuerdings heißt es hier wieder: »Pack die Badehose ein!«. Der unlängst angelegte Strand und Sitzstufen am Flussufer laden zum Sonnenbaden und Verweilen ein.

Die Flößerei, über fünf Jahrhunderte ein wichtiger Wirtschaftszweig auf Neckar und Rems, verschwand dagegen gänzlich: Für den Transport von Langholz band man mehrere Baumstämme zusammen. Mit viel Geschick, Körperkraft und Mut lenkten die Flößer dann ihr Floß neckarabwärts, teils in großen Verbünden aneinandergekoppelt wie heute Güterwaggons. Auf der Rems dagegen wurde vorwiegend Brennholz befördert, auch als »Triften« oder »Schwemmen« bezeichnet, weil sich die Holzscheite selbstständig flussabwärts bewegten.

Weil der Landweg aufwendig und kostspielig war, beförderte man Brennholz auf Bächen und Flüssen in den Stuttgarter Raum. Für die Trift warf man die etwa einen Meter langen Scheitholzstücke am Oberlauf ins Wasser und holte sie an der Remsmündung wieder heraus. Doch musste die Strecke überwacht werden – die Flößer beseitigten Stauungen und Hindernisse. Auf Höhe des Hechtkopfs hinderte ein quer in die Rems eingebauter »Holzrechen« das Scheitholz an der weiteren Trift. Hier wurde das Holz wieder aus dem Fluss »gefischt«, im »Holzgarten« zwischengelagert und später mit Fuhrwerken weitertransportiert. Aufgrund steigender Bevölkerungszahlen wuchs der Bedarf, sodass die Flößerei enormen Aufschwung nahm und Holz aus immer entfernteren Gebieten herangeschafft wurde. Nach dem Bau der Remstalbahn wurde die Scheitholzflößerei in den 1860er Jahren eingestellt.

Wo sich der »Holzgarten« einst befand, lädt heute das Bootshaus mit Biergarten und Aussichtsterrasse dazu ein, den Fluss zu erleben und gleichzeitig Festes und Flüssiges zu sich zu nehmen.

Adresse Bootshaus am Hechtkopf, Fellbacher Straße 2/1, 71686 Remseck, Tel. 07146/2809990 | **ÖPNV** U 14 bis Haltestelle Remseck | **Anfahrt** über Bad Cannstatt, Mühlhausen und L 1100 bis zur Neckarbrücke | **Öffnungszeiten** Di–Fr 11–14 und 17–22 Uhr, Sa 17–22 Uhr, So 11–22 Uhr | **Tipp** Rund sechs Meter schwebt das Remsdeck über dem Wasser – als neuer Aussichtspunkt in Remshalten-Grunbach.

85__Die Kirchenfenster

Farbiges Glas für die Erleuchtung

Die farbige Pracht leuchtet ganz unvergleichlich, wenn die Sonne scheint: Aus einem Samenkorn erwächst als Symbol für das Wunder der Schöpfung ein Strauch. Dornengestrüpp dient als Zeichen für die von Gott entfremdete Welt.

Hans Gottfried von Stockhausen (1920–2010) illustrierte in seinen Kirchenfenstern biblische Geschichten gern in gegenständlichen Bildern. Der Künstler, der bis zu seinem Tod in dem kleinen Ort Buoch hoch über dem Remstal lebte, gestaltete fünf Kirchenfenster für die dortige Sebastianskirche. In den Nachkriegsjahren hatte er in Stuttgart Glasmalerei und Mosaik studiert und später mehr als ein Dutzend Jahre selbst als Professor an der Stuttgarter Akademie für Bildende Künste Glasgestaltung gelehrt.

Stockhausen hat das jahrhundertealte Verfahren der Glasmalerei wiederbelebt und im Umgang mit dem kostbaren Material ganz neue Techniken entwickelt, wobei er den Glaswerkstätten nicht nur Entwürfe auf Papier lieferte, sondern in der Regel den ganzen Produktionsprozess begleitete. Heutzutage können darauf spezialisierte Glasbläsereien nicht nur Tausende von Farbnuancen anbieten, in weiteren Arbeitsgängen wird das farbige, mundgeblasene Flachglas zudem an der Ätzanlage bearbeitet oder sandgestrahlt, teils mehrfach bemalt und mehrfach gebrannt, um anschließend in die gewünschte Form geschnitten und mit Bleifassungen zusammengesetzt zu werden.

Mit kunstvoll gestalteten Fenstern hat Hans Gottfried von Stockhausen viele Kirchen neu »ins Licht« gesetzt und der Lichtführung mittelalterlicher Baukunst durch Farbe und Glas zu neuer Faszination verholfen. Seine Glasfenster finden sich in der nahen Umgebung – in Beutelsbach, Grunbach, Esslingen, Plochingen und Stuttgart – ebenso wie im Ulmer und im Konstanzer Münster. Über 500 Aufträge für architekturgebundene Glasmalerei aus aller Welt von England bis in die USA bezeugen das internationale Renommee des Künstlers.

Adresse Sankt Sebastian, Stuifenstraße 21, 73630 Remshalden-Buoch | **Anfahrt** B 14 und B 29 bis Remshalden-Grunbach, dann K 1913 | **Öffnungszeiten** jeden zweiten So im Monat 14–16 Uhr | **Tipp** In der Stiftskirche im nahen Beutelsbach sind im Chor drei Fenster mit Glasmalerei von Ada Isensee zu entdecken.

86 Das Dorf der Verfolgten

Eine neue Heimat für Waldenser

Im Juni 1699 kamen 71 Familien an, insgesamt 242 Personen. Nach ihrem Heimatort Perosa im Piemont nannten sie ihre neue Siedlung Perouse. Im Ortskern bei der Kirche, historischer Zehntscheuer und Schule erinnern eine Tafel und ein Denkmal an die Gründung vor über 300 Jahren. Zunächst errichteten die Flüchtlinge nur notdürftige Unterkünfte, erst 1738 wurde das Gotteshaus an der Hauptstraße gebaut, mit Spendengeldern reformierter Glaubensgenossen aus den Niederlanden und England.

Bis heute gibt es in Perouse viele Familien mit französischen Namen, Baret, Charrier, Roux, Simondet und Vinçon, und noch im 19. Jahrhundert wurde die Predigt auf Französisch gehalten. Denn in Frankreich hatte die Geschichte der Waldenser im Mittelalter begonnen. Nach einem Erweckungserlebnis zog der Lyoner Kaufmann Petrus Waldus als wandernder Laienprediger durch die Alpentäler zwischen Frankreich und Italien und versammelte bald eine Schar Gläubige hinter sich. Doch weil die katholische Kirche das Predigen nur ihrem Klerus zugestand, gerieten die »Armen von Lyon« rasch in Konflikt. So wurden die Waldenser genannt, weil sie auf persönlichen Besitz verzichteten und vom Betteln lebten.

Im Edikt von Nantes hatte der französische König Heinrich IV. den Protestanten religiöse Toleranz gewährt. Als dieses Edikt im Jahr 1685 durch »Sonnenkönig« Ludwig XIV. widerrufen wurde, drohte den Waldensern die Verfolgung und zwangsweise Rekatholisierung. Soldaten nahmen Tausende gefangen, viele wurden getötet, ihre Kinder in katholischen Familien untergebracht.

1698 flohen rund 3.000 Waldenser unter der Führung von Pfarrer Henri Arnaud aus ihrer Heimat über die Schweiz nach Württemberg, Baden und Hessen. In Württemberg hatte Herzog Eberhard Ludwig ihnen Glaubensfreiheit zugesichert und Land angeboten. Ihr Anführer Henri Arnaud wurde Pfarrer der Waldensersiedlung Schönenberg bei Mühlacker.

Adresse 71277 Rutesheim-Perouse | Anfahrt A 8 bis Abfahrt Rutesheim, nach links auf L 1180 | Tipp In der Obstsortenanlage im Häsel bei Rutesheim stehen über 180 unterschiedliche Obstbäume (www.rutesheim.de).

87 Das Klopferle

Ein Kobold kann auch anders

Im Volksglauben wurden gefallene Engel nach ihrer Vertreibung aus dem Himmel in Trolle, Zwerge, Kobolde oder Poltergeister verwandelt. Auch der Hausgeist im Schloss derer zu Sachsenheim gab sich – mit seiner Vogelstimme – als verstoßener Engel zu erkennen. Zunächst richtete er keinen Schaden an, im Gegenteil, der unsichtbare Kobold zeigte sich gutwillig und sehr hilfsbereit, wie die Zimmerische Chronik (1565) berichtet: Alle »dienstbarkaiten und was im schloß zu tun gewest« habe er erledigt – wenn man ihn freundlich gebeten habe, nicht jedoch auf Befehl. Das Klopferle trieb viele Possen, blieb aber unsichtbar und ungreifbar. Allerdings redete es gern und betete sogar mit den Schlossbewohnern; nur die Zeile »und führe uns nicht in Versuchung, sondern erlöse uns von allem Übel« habe es nicht nachsprechen wollen. Der auch »Entenwick« genannte Poltergeist erhielt seinen Namen »Klopferle«, weil er besonders an hohen Festtagen laut im ganzen Haus klopfte oder auf Gegenstände pochte.

Als Freunde den Burgherrn drängten, den Geist zu vertreiben und zu verbannen, löste das die Katastrophe aus: Das Klopferle verhängte einen Fluch und prophezeite dem Herrn von Sachsenheim das Ende seiner Familie. Kurz darauf, im Jahr 1542, brannte die mittelalterliche Burg bis auf die Grundmauern ab. Zwar ließ Reinhard von Sachsenheim seinen Wohnsitz unmittelbar darauf als Renaissanceschloss neu wiederaufbauen, doch bald darauf starb das Adelsgeschlecht der Sachsenheimer aus, und das Schloss ging 1561 in den Besitz des Hauses Württemberg über.

Nachdem das Schloss mehr als ein Jahrhundert in Privatbesitz gewesen war, erwarb es 1952 die Stadt. Seit 1962 beherbergt es das Rathaus von Großsachsenheim. Links am Toreingang erinnert die Figur des Klopferle an die alte Sage. Geklopft wird nur noch erfolgreich beim Sachsenheimer Skatclub – er trägt den Namen »Klopferle«.

Adresse Äußerer Schlosshof, 74343 Sachsenheim-Großsachsenheim | **Anfahrt** A 81 bis Ludwigsburg-Nord, über Bietigheim-Bissingen oder Tamm nach Sachsenheim | **Tipp** Der Wehrturm, Teil der befestigten Wehrkirche, diente noch bis 1962 als Gefängnis.

88 Der Apothekenkeller

Pillendreher und Lakritzkocher

Vielleicht hat Gottfried Daimler hier mal Benzin gekauft. Gesichert ist das nicht, doch als die ersten Motoren gebaut wurden, gab es Spiritus, Petroleum und Benzin (als Wundbenzin oder zur Fleckenentfernung) nur in der Apotheke. In prächtigen Fachwerkbauten am Schorndorfer Marktplatz, jeweils Paradebeispiele für die Stadthäuser wohlhabender Bürger, residieren schon mehr als drei Jahrhunderte lang gleich zwei Apotheken: die Palm'sche Apotheke seit 1644, die Gaupp'sche seit 1689.

Im historischen Gewölbekeller unter der modernen Gaupp'schen Apotheke zeugen die Kräuterecke, alte Glasgefäße und Dosen mit lateinischer Beschriftung, Messbecher, Giftwaagen und Pillenbretter, Oblatenfüllgeräte und Zäpfchengießformen von früheren Zeiten, als in der Apotheke noch alles selbst hergestellt wurde – Pillen gedreht, Zäpfchen geformt, Salben und Cremes angerührt, Pulver und Tinkturen hergestellt, Kräutertees gemischt.

Der prachtvolle Apothekerschrank mit alphabetisch beschrifteten Schubladen für homöopathische Mittel wurde aus einer Garage gerettet und zurückgeholt; der riesige Mörser hatte als Blumenkübel gedient. Zusammen mit den alten Arznei- und Anschreibbüchern, handgeschriebenen Rezepturen und Taschenapothekensets für Soldaten sowie vielen historischen Dosen und Verpackungen vermittelt der historische Keller ein lebendiges Bild der Vergangenheit.

Beim Kinderprogramm können die kleinen Teilnehmer selbst zu Apothekern werden. Und in Aufnahme der Tradition werden von den Apothekern Peter Gamm und seiner Frau Annette wieder mehr Dinge selbst produziert: duftende Lemongras- und Rosencreme für die Hände, Beinwellsalbe, Teemischungen und auch wieder in kleinen Mengen Schorndorfer Lakritz. Die würzigen Pastillen aus Gummi arabicum, Süßholzwurzelextrakt und Zucker wurden seit 1840 in der Gaupp'schen Apotheke hergestellt und sind jetzt in nostalgischen Dosen wieder zu haben.

Adresse Oberer Marktplatz 1, 73614 Schorndorf, Tel. 07181/939810, www.gauppsche-apotheke.de | **ÖPNV** Regional-Express, S 2 bis Bf Schorndorf | **Anfahrt** über B 14 und B 29 | **Öffnungszeiten** Do 15, 16 und 17 Uhr, nur mit Führung (circa 30 Minuten) | **Tipp** Das Haus in der Höllgasse, in dem Gottlieb Daimler 1834 zur Welt kam, erinnert mit einer kleinen Ausstellung an den Pionier der Automobilgeschichte (Di–Fr 14–17.30 Uhr, Sa, So, feiertags 11–17 Uhr).

89 Das Arnold-Areal

Vom Krankenhausbett zum Stahlrohr-Freischwinger

Arnold-Metallbetten wurden in Kinder- und Säuglingsheimen ebenso aufgestellt wie in Kliniken, privaten Sanatorien und Pflegeheimen aller Art. »Betten-Arnold« wurde deshalb die 1871 von den Brüdern Louis und Carl Arnold in Schorndorf gegründete Eisenmöbel-Fabrik genannt. Dort stellten sie zunächst Gartenstühle und -bänke her, später auch Messingbetten für Erwachsene und Kinder. Hinzu kamen Wiegen, Nacht- und Waschtische, Garderoben und Schirmständer, Schlitten sowie die erwähnten Krankenhausbetten.

Bereits in den ersten Jahrzehnten expandierte man mächtig – 1889 wurde ein Werk in Stendal in der Altmark errichtet, 1901 ein weiteres in Kempen am Niederrhein. 1910 war der Gartenstuhl Nr. 2 der absolute Verkaufsschlager – kaum ein Biergarten oder Gartenlokal, in dem er nicht stand.

Noch bevor es von der künstlerischen Avantgarde entdeckt wurde, begann die Firma Arnold mit der Produktion von Stahlrohr. Die Entscheidung für das Material hatte zunächst keineswegs ästhetische Gründe, sondern garantierte funktionelle Zweckmäßigkeit und diente vor allem der Hygiene im Krankenhaus. 1912 hieß es im Katalog: »Das Metall ist ein unbesiegbarer Gegner aller Krankheitserreger.« Ein Jahr zuvor waren Arnold-Krankenhausmöbel auf der großen Hygiene-Ausstellung in Dresden mit einem Preis ausgezeichnet worden.

Erst mit den Bauhaus-Möbelentwürfen stellte sich die heute verbreitete Gleichsetzung von Stahlrohr und Neuer Sachlichkeit ein. Mitte der 1920er Jahre, die Firma war bereits führend in der Herstellung von Stahlrohrmöbeln, beteiligte sich Arnold an der Möblierung der Häuser in der Weißenhofsiedlung – unter anderem mit dem ersten Freischwinger – ebenso wie an der Ausstattung des Luftschiffs Hindenburg (LZ 129) mit Sitzmöbeln aus Aluminium.

Heute beherbergt das teilweise denkmalgeschützte Areal Einzelhandel, öffentliche Einrichtungen, Büros und Wohnungen.

Adresse Karlstraße, 73614 Schorndorf | **ÖPNV** Regional-Express, S 2 bis Bf Schorndorf | **Anfahrt** über B 14 und B 29 | **Tipp** Hausgebraute Biere schenkt die Schorndorfer Gasthausbrauerei im Kesselhaus von 1895 täglich ab 11 Uhr aus, im Sommer auch im Biergarten.

90__Die Sky Bar

Höchst urban im Ländle

»Den Alltag weit unter sich lassen und dem Himmel ein kleines Stückchen näher sein« – was zunächst stutzig macht (lässt man den Alltag doch eher hinter sich), ist tatsächlich ein absichtlicher sprachlicher Stolperstein, um auf die ungewöhnliche Location anzuspielen. Von der Bar in den beiden obersten Etagen im Postturm – und im Sommer auch von der Terrasse – hat man einen phänomenalen Blick auf die abendliche Schorndorfer Altstadt mit ihrem beleuchteten Kirchturm. Sonst kennt man über den Dächern thronende Rooftop Bars und elegante Dachrestaurants mit Blick auf die Hochhaus-Skyline eigentlich nur aus den Metropolen der Welt; seit einiger Zeit blickt man auch im gerade mal 40.000 Einwohner zählenden Schorndorf gern auf das Städtchen zu Füßen.

Gute Drinks sind hier Ehrensache, Inhaber Alexander Dohnt war schon mit seiner Stuttgarter Bar »Ciba Mato« ein Garant für perfekte Cocktailklassiker und individuelle Kreationen. In seiner Schorndorfer »Sky Bar« steht nicht nur Flüssiges auf der Karte, neben klassischem Barfood sind auch Teppanyaki, japanische Gerichte, die auf einer Teppan genannten Stahlplatte zubereitet werden, und Dim Sum, im Bambuskorb gedämpfte chinesische Häppchen, im Angebot. Neben der Bar im neunten Stock dient das zehnte Geschoss darüber als Smokers Lounge mit offenem Kamin, Weinschrank, Lederpolstern und gemütlichen Fellen.

Für den maroden Postturm aus dem Jahr 1930 war ein städtebaulicher Wettbewerb ausgeschrieben worden. Im April 2013 wurde der vierzig Meter hohe Neu- und Umbau eröffnet, für den Architekt Günther Patzner aus Stuttgart auch die spektakuläre Aussichtsbar inklusive gläsernem Panorama-Aufzug entwarf. Weil die Westfassade aufgrund von Brandschutzvorgaben dagegen fensterlos gestaltet werden musste, dient sie als »Kunstwand«. Die imposante Fläche kann für Werbung gemietet werden, sofern diese künstlerisch gestaltet ist.

Adresse Karlsplatz 1–3, 73641 Schorndorf | **ÖPNV** Regional-Express, S 2 bis Bf Schorndorf | **Anfahrt** über B 14 und B 29 | **Öffnungszeiten** täglich ab 17 Uhr | **Tipp** An der Nordwand des Rathauses erinnert ein Mosaik von Hans Gottfried von Stockhausen an die mutigen Weiber von Schorndorf, die im Jahr 1688 die Übergabe der Festung verhinderten.

91 Ausstieg V

Street-Art in 3-D

Überall in den Orten rund um Stuttgart stößt man auf überraschend viel Kunst im öffentlichen Raum. Da werden – bevorzugt gegenständlich – alte Berufe oder lokale Besonderheiten illustriert: In Plochingen schöpft eine Bäuerin am Fischbrunnen Wasser, in Hildrizhausen formt ein Häfner eine Schüssel, in Beutelsbach ruft der Gaispeter zum Widerstand auf. Seltener wird Abstraktes toleriert, um das es oft Kontroversen und hitzige Diskussionen gibt. Heute ist kaum mehr nachvollziehbar, welche Turbulenzen manch ein Werk auslösen konnte, auch wenn man gern zugibt, dass nicht alles von gleichem Belang ist.

Mehr als 90 Skulpturen und Plastiken im Stadtgebiet kann allein Sindelfingen vorweisen – zumindest früher vergab die Stadt mit dem einst legendären Steueraufkommen gern und großzügig Aufträge für Kunst am Bau und im Stadtraum. Neben Fritz Nuss, dessen Werken man in der Region häufig begegnet, sind auch Ulrich Rückriem, Horst Antes und Lawrence Weiner vertreten. Mitte der 1980er Jahre hatte die Stadt Werke von 70 bundesrepublikanischen Bildhauern mit Rang und Namen gezeigt und einen Teil davon nach der Ausstellung angekauft. Klein und fast unscheinbar, gehört »Ausstieg V« von Kurt-Wolf von Borries (1928–1985) auf dem Rathausplatz zu den beliebtesten darunter. Vielleicht gerade weil die quadratmetergroße, bodenbündig eingelassene Bronzeplastik nicht mit großer Geste als »Weltkunst« auftritt, sondern als »Straßenkunst« nur kleinstmöglich eingreift? Die Figuren des Kölner Bildhauers werden oft mit Eingrenzungen konfrontiert, befreien sich aus Verengungen, Schächten oder Gullys. Hier sind zwei kräftige Hände im Begriff, einen Kanaldeckel zur Seite zu schieben, während ein Männerkopf sich vorsichtig umblickt. Von Borries' 1977 geschaffene Bronzefigur irritiert und weckt Neugier, zugleich verweist »Ausstieg V« auf »Tieferliegendes« (unter dem Platz befindet sich eine Tiefgarage).

Adresse Rathausplatz, 71603 Sindelfingen | **ÖPNV** S 1, S 6 bis Bf Sindelfingen | **Anfahrt** A 81 bis Böblingen / Sindelfingen | **Tipp** Geführte Kunstspaziergänge sind über den i-Punkt Sindelfingen buchbar (Tel. 07031/94325).

92__Der Meridian

Unterwegs mit GPS

Der neunte Längengrad verläuft von Nord nach Süd mitten durch Sindelfingen. An fünf Stellen von Eichholz bis zum Mercedes-Kundencenter kennzeichnen Granitplatten den Meridian, an Wettbachplatz und Omnibusbahnhof zwei Stelen. Korrekt muss es »9° Ost« heißen, also östlich von Greenwich. Dort beginnt mit null Grad die Messung der Längengrade in beide Himmelsrichtungen. Zusammen mit den horizontal verlaufenden Breitengraden bilden die vertikal verlaufenden Meridiane ein Koordinatengitter, das auf jeder Weltkugel und in jedem Atlas zu finden ist. Entlang der Längengrade richten sich auch die Zeitzonen aus.

In Deutschland ist der siebte Längengrad auf Juist zu finden, der zehnte Längengrad verläuft von Hamburg, wo er unter anderem an der Kennedybrücke markiert ist und sogar ein Platz nach ihm benannt wurde, bis durch Neu-Ulm. Als östlichster führt der 15. Längengrad durch Görlitz. Solche unsichtbaren Linien bringen immer wieder Menschen auf Ideen zu ungewöhnlichen Erkundungstouren – so sind Wanderlustige schon entlang der Grenzen rund um Deutschland gewandert oder waren zu Fuß 1.340 Kilometer auf dem elften Längengrad von Fehmarn bis zur Zugspitze unterwegs. Wer aus Neugier nun den neunten Längengrad in Angriff nehmen will, findet in Güglingen im Zabergäu ein in den Boden eingelassenes Stahlband, eine Weltkugel in Bad Arolsen und einen Gedenkstein am Mittellandkanal, ansonsten muss er sich mit Kartenmaterial und GPS-Empfänger bewaffnen.

Confluence-Fans dagegen suchen die Schnittpunkte von Breiten- und Längengraden, dokumentieren sie mit Fotos in alle vier Himmelsrichtungen und sammeln sie auf Webseiten. Spezies dieser Jäger haben schon alle deutschen Schnittpunkte aufgesucht. In Kleinglattbach bei Vaihingen an der Enz machten sich Schüler mit dem GPS-Empfänger auf, den Schnittpunkt 49° Nord, 9° Ost genau auszumessen. Er liegt über Wanderwege erreichbar nahe Hohenhaslach.

Adresse 71063 Sindelfingen | ÖPNV S 1, S 6 bis Bf Sindelfingen | Anfahrt A 81 bis Böblingen / Sindelfingen | Tipp Im Grünzug Nebelloch in Böblingen markieren von Schülern gestaltete Robinienstämme und rote Querstreifen auf den Fußwegen den Verlauf des neunten Längengrads.

93 Das Schauwerk

Von der Fabrik zum Museum

Mitten im Sindelfinger Gewerbegebiet steht ein »Werk für die Kunst«: Für die Sammlung Schaufler wurden teils ehemalige Werkshallen und das Hochregallager der Bitzer Kühlmaschinenbau GmbH zu großzügigen Ausstellungsflächen umgebaut. Anstatt alles abzureißen, erhielt das Architekturbüro BFK aus Stuttgart den Auftrag, die Industriebauten teilweise zu erhalten und durch einen Anbau zu ergänzen. Mit der geradlinigen »Industriearchitektur« des Museumsneubaus stehen nun rund 6.000 Quadratmeter zur Verfügung für die Präsentation einer äußerst eindrucksvollen Sammlung.

In »Schau« steckt nicht nur das Zur-Schau-Stellen, sondern auch der Name des Initiators, in »Werk« neben der Produktionsstätte auch Kunstwerk und Lebenswerk. Mehr als 3.500 Werke umfasst die private Kollektion des 2015 verstorbenen Peter Schaufler und seiner Frau Christiane Schaufler-Münch inzwischen: Seit den 1980er Jahren sammelten sie vorzugsweise abstrakte und konkrete Werke, Minimal Art und Konzeptkunst, zeitgenössische Fotografie, Licht- und Rauminstallationen – von Hanne Darboven über Dan Flavin, Lucio Fontana, Anselm Kiefer und Rosemarie Trockel bis zu James Turrell.

Seit der Eröffnung 2010 zeigt das Schauwerk direkt neben der Firma, deren Inhaber Peter Schaufler war, etwa drei Wechselausstellungen jährlich. Als Auftakt war die erste Schau der Zero-Bewegung gewidmet, also Werken, mit denen das Unternehmerehepaar seine Sammlung begründete. Schon 2005 haben die Schauflers eine Stiftung gegründet, mit dem Ziel, ihre Sammlung auch langfristig pflegen und zeigen zu können. Die Vorschau auf zukünftige Ausstellungen im Schauwerk Sindelfingen zeigt, dass auch nach Peter Schauflers Tod die Arbeit unter Museumsdirektorin Barbara Bergmann fortgesetzt wird. So bleibt die über mehr als drei Jahrzehnte zusammengetragene Sammlung weiterhin ein Ort für die Auseinandersetzung mit zeitgenössischer Kunst.

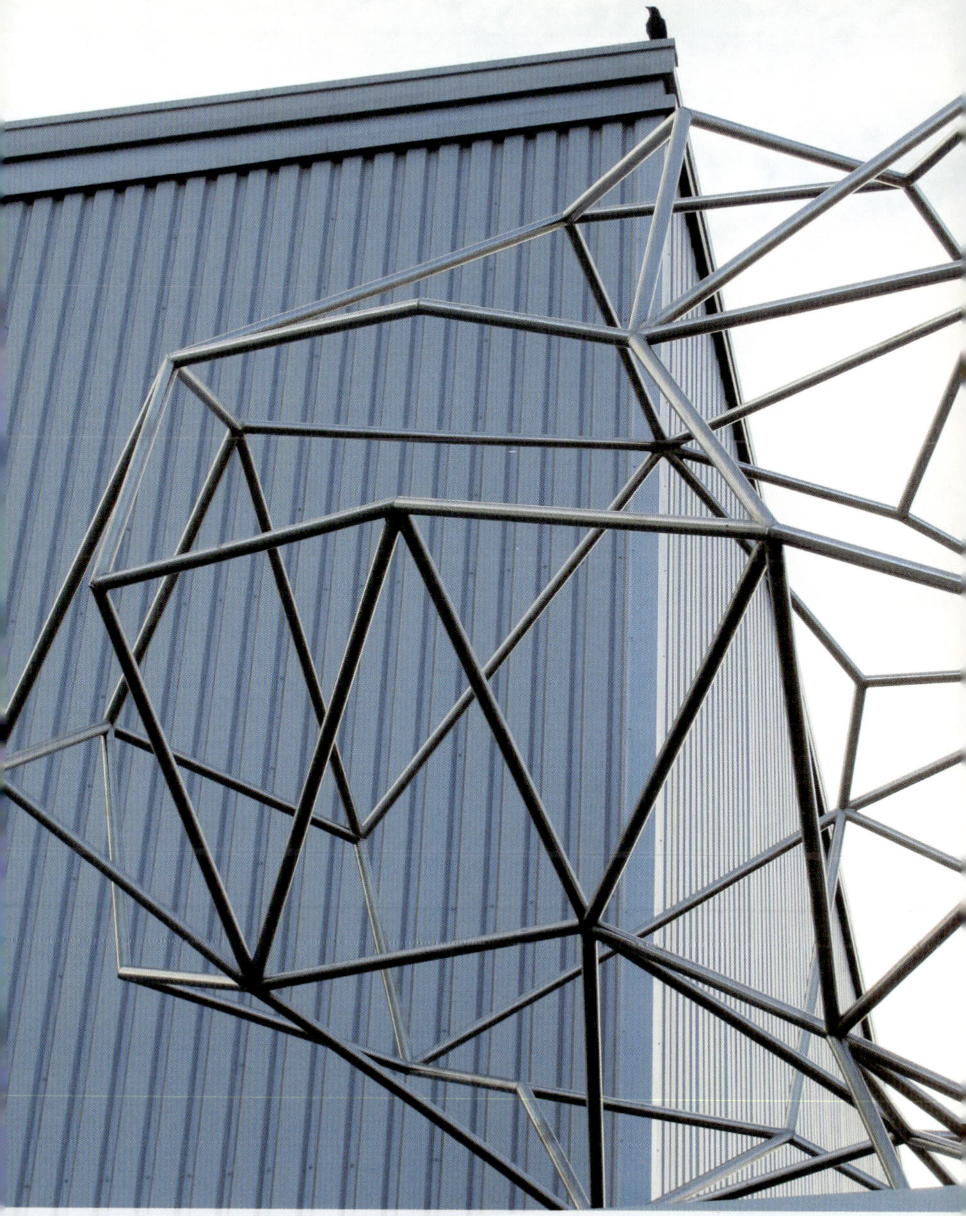

Adresse Eschenbrünnlestraße 15/1, 71065 Sindelfingen, Tel. 07031/9324900 | ÖPNV S 1 bis Bf Goldberg, dann Bus 706 bis Haltestelle Hofmeister/Schauwerk | Anfahrt A 81 bis Abfahrt Sindelfingen-Ost | Öffnungszeiten Sa, So 11–17 Uhr, nur im Rahmen von Führungen auch Di, Do 15–16.30 Uhr | Tipp Das »Viola« steht für frische, mediterrane Küche (Vaihinger Straße 14, Mo–Fr 12–14.30 und 18–22 Uhr, Sa 18–22 Uhr, So 12–14.30 Uhr).

94 Das Webereimuseum

Vom Webstuhl zum Computer

Was haben Webstühle und Computer gemeinsam? Auf den ersten Blick nichts. Auch das Webereimuseum zeigt zunächst mit historischen Arbeitsgeräten, Textilien und Musterzeichnungen die vorindustrielle Geschichte der Hausweberei und ihrer »Zulieferer« wie Färbereien und Zwirnereien. »Museal« bleibt das alte Handwerk aber nicht, denn im Haus veranstaltet die »Interessengemeinschaft Handweberei« Kurse für Anfänger und Fortgeschrittene. Auf unterschiedlichen Webstühlen, darunter auch Damast- und Jacquard-Webstühle, kann man sich sogar auf die Gesellen- und Meisterprüfung vorbereiten.

Im 19. Jahrhundert erlebte die Sindelfinger Webereitradition ihre Blütezeit und entwickelte sich von der Hausweberei zur industriellen Textilherstellung. Schon ab 1835 wurden hochwertige Jacquard-Stoffe die Spezialität der Weberstadt: Für die Seidenweberei hatte Joseph-Marie Jacquard aus Lyon 1805 ein Verfahren für mechanische Webstühle weiterentwickelt. Gesteuert mit Hilfe von Lochkarten konnte so jedes erdenkliche Muster gewebt werden. Für besonders komplizierte Jacquard-Muster wurden Tausende von Lochkarten zu einer Endlosschleife verbunden – am großen Webstuhl im Erdgeschoss schön zu sehen. An der Stanzmaschine für die Pappkartons daneben wurden die Lochkarten »programmiert«, die die große Vielfalt an komplexen Mustern ermöglichten.

Denn schon dieses erste »datenverarbeitende« Speichermedium beruhte auf dem binären System – ein Loch in der Karte korrigiert die Einstellung des Webstuhls, bei Pappe bleibt er unverändert. So konnte die Lochkartentechnik wegweisend für die spätere Entwicklung der Computertechnologie werden: Von Jacquards Webstuhl ließ sich der Engländer Charles Babbage zu seiner ersten, ebenfalls lochkartengesteuerten Rechenmaschine inspirieren. Heute werden auch die Industriewebstühle nicht mehr mit Lochkarten programmiert – sondern mit Computern.

Adresse Corbeil-Essonnes-Platz 4, 71063 Sindelfingen, Tel. 07031/94357 (Museum), Tel. 07031/803906 (Kurse), www.haus-der-handweberei.de | **ÖPNV** S 1, S 6 bis Bf Sindelfingen | **Anfahrt** A 81 bis Böblingen/Sindelfingen | **Öffnungszeiten** Fr–So, feiertags 15–18 Uhr, Eintritt frei | **Tipp** Im »3 Mohren« kommen Spezialitäten auf den Tisch, wie man sie so authentisch sonst nur in der Türkei kennenlernt (Lange Straße 25, Mo–Fr 11.30–15 und 17.30–24 Uhr, Sa 17.30–24, So 9.30–24 Uhr).

95 Das Gerberviertel

Von der Tierhaut zum Leder

Dank der Lage an der Enz, die das für die Gerberei notwendige Wasser lieferte, war Vaihingen über Jahrhunderte hinweg ein Zentrum des Lederhandwerks und eine der drei bedeutendsten Gerberstädte Württembergs. Allein am einstigen, von der Enz abgezweigten Mühlkanal übten mehr als zwei Dutzend Gerber ihr florierendes und lukratives, allerdings mit penetrantem Gestank verbundenes Handwerk aus. Noch Mitte des 19. Jahrhunderts war die Ledergerberei der drittgrößte Gewerbezweig in Deutschland, da Leder lange unersetzbar blieb; erst im 20. Jahrhundert verdrängten Gummi und synthetische Werkstoffe das Material zunehmend.

Zum Gerben von Leder wurde Lohe benötigt, die Rinde junger Eichen, die den Gerbstoff Tannin enthält. Um den Bedarf zu decken, wurden daher in vielen Regionen spezielle Lohwälder oder Lohhecken angelegt, also Eichenschälwälder zur Gewinnung von Baumrinde. Mit fast 450.000 Hektar zur Zeit ihrer größten Ausdehnung entsprach deren Fläche vier Prozent der heutigen Waldfläche in Deutschland. Mit einem Stocherkahn wurde die gemahlene Rinde, die zur Bearbeitung der Tierhäute verwendet wurde, von der Lohmühle über den Kanal zu den Gerbern gebracht. Das Abfallprodukt, die benutzte, ausgelaugte Lohe, wurde getrocknet, gepresst und konnte anschließend als sogenannter »Lohkäse« oder »Lohkuchen« als Brennmaterial verwendet werden. Der schwäbische Spruch »Schwätz koin Lohkäs« – Erzähl keinen Unsinn – leitet sich davon ab, auch dass jemand seine »Felle davonschwimmen« sieht, also jede Anstrengung vergeblich war, geht auf das alte Handwerk zurück.

Heute erinnern nur noch einige alte Zunftzeichen an den Häusern und der Straßenname »Im Mühlkanal« an das einstige Gerberviertel. Das im Jahr 2014 neu gestaltete Enzufer lädt zum Verweilen ein. Auf einem großen, über die Enz hinausragenden Podest befinden sich Sitzmöglichkeiten. Stufen führen direkt zum Flussufer hinunter.

Adresse Im Mühlkanal, 71665 Vaihingen an der Enz | **ÖPNV** Interregio, IC bis Bf Vaihingen (Enz) | **Anfahrt** A 81 bis Ausfahrt Stuttgart-Zuffenhausen, dann über B 10 | **Tipp** Heute kann man zum Vergnügen zu Stocherkahnfahrten auf der Enz aufbrechen (Infos: Kultur- und Tourist-Information am Marktplatz, Tel. 07042/18235).

96 Das Bonbon-Museum

Zuckerzeug für Naschkatzen

Wem Naschen nicht genügt, der kann sich im einzigen Bonbon-Museum Deutschlands schlaumachen. Im Vaihinger Stadtteil Kleinglattbach lädt die Jung'sche Bonbonfabrik dazu ein, auch ihr kleines Museum zu besuchen. Attraktion ist ein mit Dosen und Bonbongläsern gut gefüllter Kaufmannsladen aus dem 19. Jahrhundert, der aus Stuttgart stammt: Die Einrichtung des Kolonialwarengeschäfts »Oscar Zahn« stand samt alter Kasse einst in der Calwer Straße. Daneben sind hier alte Maschinen für die Bonbonherstellung zu sehen und nostalgische Reklame und Verpackungen aus der Frühzeit der Markenentwicklung. Videos und Tafeln erläutern, dass das Naschwerk vor Jahrhunderten in Persien erfunden wurde und es Bonbons in Europa zunächst in Apotheken gab, weil Zucker die durch Kräuterextrakte bittere Arznei genießbarer machte.

Wer nur maschinell hergestellte Bonbons aus der Tüte kennt, erfährt im Film, wie Bonbons früher von Hand hergestellt wurden. Warum es »Bonbons kochen« heißt, wird schnell klar: Die Süßigkeiten werden aus flüssigem, extrem heißem Zucker geknetet und geformt. Um sich nicht die Finger zu verbrennen, sollte man mit der kochend heißen Masse nicht ohne Handschuhe hantieren, denn der schnell härtende Zucker muss vor dem Erkalten verarbeitet sein.

Der Name Bonbon ist aus dem Französischen abgeleitet: »Bon« heißt gut, und »Bon! Bon!« sollen Kinder am Hof des französischen Königs ausgerufen haben, denn sie durften die Zuckerwaren probieren, als Süßes noch purer Luxus war. In vielen deutschen Regionen setzten sich eingedeutschte Varianten durch, von Bontjes und Bonscher in Norddeutschland über Bollchen und Bomchen bis zu Gutsle in Süddeutschland – wo aber mit Zuckerle auch Klartext geredet wird.

Im Fabrikverkauf der Jung'schen Bonbonfabrik können Schleckermäuler anschließend ihre Süßigkeitenvorräte aufstocken, mit Fruchtgummi- und Bonbonsorten, Schokolade, Waffeln und Popcorn.

Adresse Uhlandstraße 36, 71665 Vaihingen an der Enz-Kleinglattbach, Tel. 07042/907420, www.bonbon-museum.de | Anfahrt A 81 bis Ausfahrt Stuttgart-Zuffenhausen, dann über B 10 | Öffnungszeiten Mo–Fr 9–18.30 Uhr, Sa 9–13.30 Uhr, Eintritt frei | Tipp »ChocolART«, Deutschlands größtes Schokoladenfestival, findet alljährlich Anfang Dezember in Tübingen statt.

97__Die Steillage

Steinreiches Enztal

Bei Rosswag zieht der längste und wasserreichste Nebenfluss des Neckars, der im Nordschwarzwald entspringt, schon weite Schleifen. Im reizvollen Winzerdörfchen am Ufer der Enz drängen sich im Ortskern malerische Fachwerkbauten, mehrheitlich aus dem 17. und frühen 18. Jahrhundert, dicht an dicht. Wie ein Amphitheater ragen über den Dächern die steilen Rebhänge auf, von deren Höhen sich herrliche Ausblicke über die Enz-Aue bis nach Vaihingen mit seinem Wahrzeichen Schloss Kaltenstein bieten. Schon seit 1949 steht die größtenteils mit Lemberger bestockte »Rosswager Halde« unter Landschaftsschutz.

Imposant staffeln sich die mit Rebstöcken besetzten Weinbergterrassen in die Höhe, dank denen sich die landwirtschaftlich nutzbare Fläche an steilen Hängen vergrößert. Auf rund 2.000 Kilometer wird die Gesamtlänge des Trockenmauerwerks im Neckartal und am Unterlauf seiner Zuflüsse geschätzt. Dort wie hier an der Enz sind die Stützmauern quasi die Kachelöfen der Weinberge, also ideale Speicher für die Sonnenwärme, die während der kühleren Nächte wieder an die Trauben abgegeben wird. Natursteinmauern und Rebterrassen bilden zudem als Rückzugsgebiet für Eidechsen und Schlangen, Schmetterlinge und Vögel, seltene Wildpflanzen und Kräuter eine schützenswerte ökologische Nische.

Eine gut gebaute Trockenmauer kann 100 Jahre und mehr überdauern, doch das Aufschichten loser Steine, eine der ältesten Bautechniken der Menschheit, ist eine Kunst, die nur noch von wenigen beherrscht wird. Ohne Mörtel wird Stein auf Stein gefügt – so staut sich hinter der Weinbergmauer kein Wasser. Der Erhalt der Kulturlandschaft ist zeitaufwendig und kostenintensiv und die Arbeit am Steilhang das ganze Jahr über mühselig. Auch die Sanierung der Trockenmauern und steilen Stäffele erfordert Handarbeit und handwerkliches Geschick – ohne Terrassierung wäre der Weinbau an Steillagen jedoch nicht möglich.

Adresse Kultur- und Touristinformation, Marktplatz 5, 71665 Vaihingen an der Enz, Tel. 07042/18235 | ÖPNV IC, Regional-Express bis Bf Vaihingen an der Enz, dann Bus 576 bis Haltestelle Rosswag Sporthalle | Anfahrt über B 10 an Vaihingen an der Enz vorbei, nach Überquerung der Enz links in K 1648 | Tipp Die Genossenschaftskellerei am Fuß der Rosswager Halde bietet Weine aus der Steillage zu erschwinglichen Preisen an (Mo–Fr 9–18 Uhr, Sa 9–14 Uhr, Infos unter www.lembergerland.de).

98 Die Galerie Stihl

Knittern, knicken, knüllen

»Ich bin ein Papier-Freak«, hat Karl Lagerfeld sich einmal geoutet und erläutert, er müsse immer Papier unter seinen Fingern spüren, um sich auszudrücken. Ob der Modemacher auch die Einwegkleider aus Papier kennt, wie sie in einer Ausstellung der Galerie Stihl zu sehen waren?

Seit der Eröffnung im Mai 2008 präsentiert die Galerie Stihl Arbeiten aus und auf Papier. Das breite Spektrum reicht von Grafiken und Aquarellen über Plakate, Comics und Karikaturen bis zu dreidimensionalen Kunstobjekten, Schmuck und Mode. Ausstellungen wie »Leben im Karton«, »Papier-Art« oder »Pap(i)erFashion« führen vor, welche Vielfalt an kreativen Möglichkeiten das Material zulässt.

Weiße Blätter, grauer Karton und braune Pappe eignen sich nicht nur zum Schreiben, Zeichnen und Verpacken. Während das schon seit rund 2.000 Jahren bekannte Material in der Kunst früherer Jahrhunderte in erster Linie als Zeichen- und Malgrund diente, entfaltet Papier im 20. Jahrhundert ein Eigenleben. Auch im buchstäblichen Sinn, denn es lässt sich falten, knicken, knüllen, schneiden, kleben, reißen, schreddern, bemalen, beschreiben, bedrucken, prägen, vernähen, heften, binden, zu Pappmaschee verkleistern und und und ...

Handwerklich hergestelltes Papier wird geschöpft, als Werkstoff ist es unerschöpflich. Es fasziniert viele Künstler – und so unterschiedlich wie die eingesetzten Techniken sind ihre Arbeiten: In der kreativen Auseinandersetzung mit dem Material entstehen fragile, teils schnell vergängliche Werke, manche leicht und schwebend wie Mobiles oder Drachen, andere transparent und durchscheinend wie Lampions oder belastbar und robust wie Möbel.

So kann man sich hoffentlich freuen, in den Wechselausstellungen der Galerie neben den Arbeiten auf Papier von Loriot, Nolde und Goya auch weiterhin Arbeiten aus Papier zu sehen, von Künstlerbüchern bis zu Pappmaschee-Figuren und Papierteppichen.

Adresse Weingärtner Vorstadt 12, Waiblingen, Tel. 07151/50011686, www.galerie-stihl-waiblingen.de | ÖPNV Regional-Express, S 2, S 3 bis Bf Waiblingen, dann Bus 207, 208 bis Haltestelle Waiblingen Marktgasse | Anfahrt über B 14 | Öffnungszeiten Di–So 11–18 Uhr, Do bis 20 Uhr | Tipp Verschiedene Frühstücksvarianten bietet das »Café Tagblatt« in der Altstadt an (Am Marktplatz 2, So–Do 8–24, Fr, Sa 8–1 Uhr).

99_Die Grenzsäule

Wer lesen kann, ist klar im Vorteil

Solange die Mehrheit der Bevölkerung des Lesens unkundig war, gab es keine Ortsschilder und kaum Wegweiser. Ab 1811 wurden im Königreich Württemberg Ortsschilder angebracht, allerdings nicht wie heutige Schilder am Ortseingang, sondern in der Regel in der Ortsmitte. Meist befanden sich die Tafeln an öffentlichen Gebäuden oder an einer als Ortsstock bezeichneten Säule. Ab den 1870er Jahren wurden die Ortstafeln nach preußischem Vorbild gestaltet und nannten zusätzlich die militärische Zuordnung zu Bataillonen und Kompanien.

In ähnlicher Gestaltung gab es Grenzstöcke, Wegweiser und Ortstafeln, ab den 1860er Jahren häufig in gusseiserner Ausführung. Das Königlich Württembergische Hüttenwerk, zu dem die 1840 gegründete Wilhelmshütte in Bad Schussenried und als Hauptgießerei das Werk in Wasseralfingen zählten, produzierte nicht nur die 120 Kilogramm schweren Säulen, sondern auch Konstruktionen wie den Pavillon am Stuttgarter Schlossplatz oder die gusseisernen Bauteile für die historischen Gewächshäuser der Wilhelma. Für die Gemeinden gab das Staatsunternehmen Preislisten und Verkaufskataloge mit den Modellen heraus: Über einem gusseisernen Sockel waren an der rot-schwarzen Säule in den württembergischen Landesfarben unterschiedlich große Tafeln für Grenzstöcke, Ortsschilder oder Wegweiser angebracht. In den 1930er Jahren verschwanden die meisten oder wurden eingeschmolzen. Nur wenige sind noch erhalten, die von der Landesdenkmalpflege in Zusammenarbeit mit dem Schwäbischen Heimatbund und anderen Vereinen und Verbänden im Rahmen der Dokumentation von Kleindenkmälern erfasst wurden oder werden sollen.

Das Waiblinger Exemplar gehört zum Haus der Stadtgeschichte. In Waiblingens ältestem Profanbau, einem eindrucksvollen Fachwerkhaus, vor dem die Grenzsäule steht, wird die Stadtgeschichte von der Römerzeit bis zur Gegenwart präsentiert.

Adresse Weingärtner Vorstadt 20, 71332 Waiblingen | **ÖPNV** Regional-Express, S 2, S 3 bis Bf Waiblingen | **Anfahrt** über B 14 bis Ausfahrt Waiblingen-Mitte, An der Talaue folgen, dann links in die Winnender Straße und zur Weingärtner Vorstadt | **Öffnungszeiten** frei zugänglich | **Tipp** Der Biergarten im Kulturhaus Schwanen liegt idyllisch auf der Schwaneninsel (Winnender Straße 4, im Sommer täglich 11–23 Uhr).

100_Die Neidköpfe

Zunge zeigender Abwehrzauber

Fratzenhafte Gesichter schauen auf die Passanten herab: Mit weit aufgerissenen Augen, grimmigem Blick oder herausgestreckter Zunge drücken sie Schrecken, Grauen, Zorn, Abscheu oder Spott aus. Solche Neidköpfe wurden im Mittelalter angebracht, um das Haus vor Unheil und Unbilden zu schützen, Geister und Dämonen fernzuhalten und Böses abzuwehren. In der Waiblinger Altstadt findet man sie häufig als geschnitzte Fratzen an den Eckbalken von Fachwerkhäusern, zuweilen aber auch aus Stein gemeißelte Exemplare, darunter schlangenhaarige Gorgonenköpfe, Löwenköpfe mit Beißring, wilde Männer und Mischwesen. Die »schönen Gesichter« an Waiblinger Häusern stammen dagegen aus späterer Zeit und dienen als Schmuck und der Darstellung der Eigentümer. Wahrscheinlich gab es einst viel mehr solcher Neidköpfe und Schnitzarbeiten, doch vor dem Verputzen des Fachwerks in späteren Jahrhunderten wurden sie in der Regel »abgebeilt«.

Abwehrzauber dagegen kommt selbst bis in unsere technikgläubige Gegenwart noch zum Einsatz: Nicht nur als Hufeisen über der Tür oder Traumfänger über dem Bett sind magische Denkmuster lebendig geblieben. Auch der Brauch, zu Silvester die Geister des alten Jahres mit Krach und Feuer zu vertreiben, stammt aus vorchristlicher Zeit.

Viele Neidköpfe setzen auf die Macht der aggressiven Beleidigung: Sie strecken die Zunge heraus. Der seit Jahrtausenden in allen Kulturen bekannten Gebärde wird apotropäische Wirkung zugeschrieben, also die Fähigkeit, den bösen Blick abzuwehren. Keineswegs als Abwehrzauber gedacht war die wohl bekannteste Zunge der Welt: das berühmte Markenzeichen der Rolling Stones. Für sein Logo griff Grafikdesigner John Pasche auf Anregung Mick Jaggers die herausgestreckte Zunge der indischen Göttin Kali auf. »Zunge zeigen«, ursprünglich Ausdruck von Rebellion und Protest, wurde zur Rock-Ikone und gilt als bestes Band-Logo aller Zeiten.

Adresse Zwerchgasse 6, Kurze Straße 17, 18, 28 und 40, Schmidener Straße 2, Lange Straße 14, 24 und 32, Marktplatz 1 und 8, Mittlere Sackgasse 6, Obere Sackgasse 17, Flyer mit Neidkopf-Rundgang: Tourist-Information, Scheuerngasse 4, 71332 Waiblingen, Tel. 07151/50018321, auch als PDF-Download unter www.waiblingen.de | **ÖPNV** Regional-Express, S 2, S 3 bis Bf Waiblingen | **Anfahrt** über B 14 bis Waiblingen | **Tipp** Die »Teneria« mit Terrasse am Wasser hat sich auf Flying Tapas spezialisiert (Bädertörle 19, Mi–Sa 17–23 Uhr, Juni–Aug. auch So).

101 Der Wehrgang

Auf der Mauer, auf der Lauer

Waiblingens längstes Denkmal: Die mittelalterliche Stadtmauer existiert bis heute. Doch von einst drei Stadttoren steht nur der Beinsteiner Torturm noch. Von dort führt ein etwa 1,10 Meter schmaler Gang um die Altstadt. Schießscharten im Mauerwerk erinnern an seinen eigentlichen Zweck: beim Angriff feindlicher Truppen die Verteidiger der Stadt zu schützen. Wie viele andere Orte in Zeiten der Kleinstaaterei weckte Waiblingen immer wieder Begehrlichkeiten.

Ein fast vergessener Name für solche Wehrgänge war früher »Mordgang«. Beim blutigen Gemetzel 1634, während des Dreißigjährigen Krieges, waren allerdings die Angreifer die Mordbuben. Sie hatten die Stadt in Brand gesetzt, doch die Waiblinger Stadtoberen hielten die drei offiziellen Stadttore versperrt. In Todesangst versuchten die Bewohner, durch das Tränktörle, einen engen Durchlass in der Mauer, zu flüchten. Nur um draußen den marodierenden Soldaten in die Hände zu fallen ...

Am Bädertörle führt ein Steg zur Erleninsel in den Rems-Auen. Der Name rührt von den mittelalterlichen Badehäusern her, die einst an dieser Stelle standen. Vor der Stadtbefestigung sind entlang des Mühlkanals teils noch Gerberhäuser erhalten, meist mit auskragendem Obergeschoss: Darunter hängten die Gerber ihre Felle auf, um sie vor Regen geschützt zu trocknen.

Ein Stück weiter steht das »Haus auf der Mauer«, Waiblingens ältestes erhaltenes Schulgebäude. Im Apothekergarten unterhalb der Nikolauskirche werden Pflanzen beetweise nach ihrer Heilwirkung auf die einzelnen Organe präsentiert. So enthält ein Beet Pflanzen, die bei Erkrankungen von Herz und Kreislauf helfen, andere enthalten Kräuter gegen Verdauungsprobleme. Nur vom Garten aus über einen Steg zu erreichen ist der Holzpavillon mit Ausblick auf die Erleninsel. Er thront auf einem Wehrtürmchen der Stadtbefestigung, das auch als Kerker diente.

Adresse 71332 Waiblingen; Apothekergarten: Kurze Straße 33 | ÖPNV Regional-Express, S 2, S 3 bis Bf Waiblingen | Anfahrt über B 14 bis Waiblingen | Öffnungszeiten Apothekergarten: April – Okt. 10 – 18 Uhr | Tipp Der wohl Ende des 12. Jahrhunderts erbaute Hochwachtturm diente Achim von Arnims historischem Roman »Die Kronenwächter« als Schauplatz.

102 Alltagskultur im Museum

Hier geht es um das Eingemachte

Auf den Plakaten prangen Objekte von zeitloser Schönheit in Großaufnahme: Wäscheklammer und Glühbirne wirken wie Designermodelle. Alles eine Frage der Inszenierung: Aus einem Sammelsurium allgegenwärtiger und alltäglicher Dinge von der Klobürste bis zum Streichholz wird dann eine Ausstellung »museumsreifer« Zeitzeugnisse, wenn das Gewöhnliche außergewöhnlich in Szene gesetzt wird.

In Schloss Waldenbuch lädt das Museum der Alltagskultur dazu ein, auf rund 2.500 Quadratmetern das Lebensgefühl vergangener und heutiger Zeiten zu entdecken. Das ehemalige Jagdschloss der Herzöge von Württemberg bietet das reizvolle Ambiente für eine dingliche Bestandsaufnahme des Alltags vom 19. Jahrhundert bis in die Gegenwart.

Ohne manch heute selbstverständlichen Haushaltsgegenstand oder bestimmte technische Geräte ist Wohnen gar nicht mehr vorstellbar: »Zeitsprünge« konfrontierte Alltägliches von anno dazumal mit der modernen Version – den Nachttopf mit der automatischen, selbstreinigenden Toilette, den Kaufladen mit dem Warenkorb im Internet. In den »Wohnwelten« darf man hineinschauen ins Innenleben typischer Wohnmilieus von der guten Stube der (Ur-)Großeltern bis zum Jugendzimmer der 1970er Jahre. In weiteren Bereichen geht es um Arbeits- und Werbewelten, Kleidung und Verkleidung.

Eine herausragende Rolle im Lebensalltag spielen auch »Wärme« und »Sauberkeit« – hier präsentiert das Museum die Entwicklung vom gusseisernen Plattenofen bis zur Zentralheizung und fragt nach der Bedeutung des fließenden Wassers und des Badezimmers. Weitere Themenräume bieten erhellende Einblicke in die Kulturgeschichte des Alltags: Erhellend im doppelten Sinn ist der Themenraum »Licht«, der den Weg vom Halbdunkel der Talgfunzeln bis zum hell erleuchteten Wohnkomfort mittels stromgespeister Glühbirnen erzählt.

Adresse Schloss Waldenbuch, Kirchgasse 3, 71111 Waldenbuch, Tel. 07157/8204, www.museum-der-alltagskultur.de | **Anfahrt** B 27 bis Abfahrt Metzingen, dann B 312 und L 1185 Richtung Waldenbuch | **Öffnungszeiten** Di–Sa 10–17 Uhr, So, feiertags 10–18 Uhr | **Tipp** Am Rand des Naturparks Schönbuch liegt der »Landgasthof Rössle« dessen Küche für frische Köstlichkeiten vorzugsweise auf Produkte aus der Region zurückgreift (Auf dem Graben 5, Tel. 07157/7380).

103__Das Quadrat

Kunst hoch zwei

»Quadratisch, praktisch, gut«: Dieser eingängige Werbeclaim hat ein geradezu sprichwörtliches Eigenleben entwickelt und Eingang in den allgemeinen Sprachgebrauch gefunden. Das Markenzeichen der Ritter-Sport-Schokoladentafel hat Marli Hoppe-Ritter auch zum Thema ihrer Kunstsammlung gemacht – sie steht im Zeichen des Quadrats. Doch das ist kein Marketing-Gag, im Gegenteil: Im Museum Ritter in Waldenbuch erweist sich das Konzept als kunsthistorisch überaus spannend. Wie der Kreis ist das ideale Viereck ein geometrisches Bauprinzip, das Künstler und Künstlerinnen fasziniert: Seit der russische Konstruktivist Kasimir Malewitsch 1915 sein epochales »Schwarzes Quadrat auf weißem Grund« schuf, reißt die künstlerische Auseinandersetzung mit dem Quadrat nicht ab. Das außergewöhnliche Museum zeigt eine kunsthistorische Entwicklung der geometrischen Abstraktion auf, präsentiert aber auch aktuelle Werke, die sich oft mit ganz unkonventionellen Techniken und Materialien dem Thema Quadrat nähern und sich mal ernsthaft und analytisch, mal spielerisch und witzig mit dem Viereck und seinen vier rechten Winkeln beschäftigen. Die »Homage to the Square« – wie die berühmte Werkserie von Josef Albers könnte auch die Sammlung Marli Hoppe-Ritter diesen Titel tragen – offenbart überraschende Verbindungslinien quer durch die Kunst des 20. und 21. Jahrhunderts.

1930 verlegte Alfred Ritter seine Schokoladenfabrik von Bad Cannstatt nach Waldenbuch. Im 2005 von seiner Enkelin eröffneten Museum direkt hinter dem Unternehmenssitz ist glücklicherweise nur die Kunst quadratisch, Bauherrin und das Architekturbüro Max Dudler haben, abgesehen vom quadratischen Grundriss, darauf verzichtet, durch einen Würfelbau, quadratische Fenster, Eingänge oder Räume das Prinzip überzustrapazieren. Allein den Exponaten im einen Flügel und der Schokolade im anderen bleibt das Quadrat vorbehalten.

Adresse Alfred-Ritter-Straße 27, 71111 Waldenbuch, Tel. 07157/535110, www.museum-ritter.de | **Anfahrt** B 27 bis Abfahrt Metzingen, dann B 312 und L 1185 Richtung Waldenbuch | **Öffnungszeiten** Di–So 11–18 Uhr, Eintritt bis 18 Jahre frei, öffentliche Führungen Sa, So, feiertags 15.30 Uhr | **Tipp** In der Passage zwischen den beiden Gebäudeteilen nimmt ein Kunstwerk von Daniel Buren das Thema Quadrat auf. Warum seine raffinierte Arbeit »Broken Square« heißt, wird deutlich, wenn sich die großen Glasschiebetüren öffnen und so das Streifenquadrat »zerbricht«.

104 Württembergs schönste Weinsicht

Spaziergang zur Himmelsleiter

Eine Traubenstele mit zahllosen Gucklöchern lenkt den Blick auf Besigheim mit seinen zwei Wehrtürmen aus der Stauferzeit, dem stattlichen Fachwerkrathaus und der Stadtkirche. Den Aussichtspunkt am Zusammenfluss von Neckar und Enz, der zu Walheim gehört, zeichneten das Deutsche Weininstitut (DWI) und die regionale Gebietsweinwerbung als »schönste Weinsicht in Württemberg« aus. Gleiches geschah 2012 in allen 13 deutschen Anbaugebieten: Weitere Aussichtspunkte mit spektakulärem Blick auf die Weinlandschaft sind beispielsweise in Baden der Panoramablick vom Ehrenmal Lerchenberg auf Meersburg und den Bodensee, in Sachsen der Ausblick auf das Staatsweingut Wackerbarth und das Elbtal.

Zu Fuß erreicht man den Aussichtspunkt auf dem Walheimer Schalkstein nach einem ausgedehnten Spaziergang. Vom Besigheimer Bahnhof steigt man durch die terrassierten Weinberge hinauf bis zum Panoramaweg und folgt ihm um die große Flussschleife der Enz. Für den Rückweg nach Besigheim geht es ein Stück zurück, bis zur Himmelsleiter, ausgeschildert mit einer blauen Wolke mit Treppe und Trauben. Steil führen die 411 Treppenstufen der Weinbergstaffel hinunter und überwinden rund 60 Höhenmeter bis zum Durchgang unter der Bahnstrecke. Unterhalb der Steillagen geht es entlang der Enz bis zur B 27; über die Brücke gelangt man nach Besigheim und hinauf in die Altstadt.

Zu »Deutschlands schönstem Weinort« ist das mittelalterliche Städtchen 2010 von TV-Zuschauern gekürt worden, weil hier Atmosphäre und Genuss aufs Angenehmste vereint sind. In der Rotweingemeinde – Trollinger, Schwarzriesling, Lemberger, Spätburgunder und Samtrot nehmen zusammen knapp 70 Prozent der Rebflächen von 88 Hektar ein – findet die Weintour beim Viertele den rechten Ausklang.

Adresse Auf der Burg, 74399 Walheim | **ÖPNV** Regionalbahn bis Bf Besigheim | **Anfahrt** A 81 bis Abfahrt Mundelsheim, dann L 1115 bis Besigheim | **Tipp** Wer nicht mit dem eigenen Wagen anreist, kann im Sommer auch mit dem Schiff auf dem Neckar nach Stuttgart zurückkehren (Fahrpläne unter www.neckar-kaeptn.de).

105 Der Narrenbrunnen

Wo Spicklingsweiber den Winter austreiben

In einer Ecke lauert der Schellenteufel, auf der Bank macht es sich der Schelm gemütlich. Der große Narrenbrunnen am Speidelsberg zeigt die Vielfalt der Weiler Fasnet: Bär, Hexe, Zigeuner und Clown sind leicht zu erkennen. Seitlich steigt der Zunftmeister der Narrenzunft aus dem Wasser, und die Majorin des AHA-Balletts könnte sich auch als Funkenmariechen in Köln gute Chancen ausrechnen. Neben dem Spicklingsweib mit Kuchenblech – Spickling heißt der Weiler Apfelkuchen – sind auch Schlehengeister und Steckentäler vertreten. Der von Gerhard Längerer ab 1986 gestaltete und ausgeführte Brunnen war anfangs noch klein und wurde schrittweise um Figuren erweitert. Übrigens: Der Kunstschmied aus Renningen hat auch die metallenen Gerätschaften aus dem keltischen Fürstengrab von Hochdorf für das dortige Museum rekonstruiert (siehe Seite 50).

Erst nach und nach entwickelte sich auch die Weiler Fasnet selbst, obwohl ihre Tradition bis ins Mittelalter zurückreicht. Doch im 18. und 19. Jahrhundert verbot der Rat immer wieder die »Mummery«. Der Brauch, vor Beginn der vierzigtägigen Fastenzeit ausgiebig zu feiern, zu essen und zu trinken, war fast eingeschlafen. Noch bis Mitte des 20. Jahrhunderts fanden nur unregelmäßig Fasnetsumzüge statt. Ab den 1970er Jahren gründeten sich immer mehr Gruppen, mit Anleihen für Kostüme und Masken teils bei der schwäbisch-alemannischen Fasnet, teils beim rheinischen Karneval, woraus sich ganz originäre Weiler Figuren entwickelten.

Heutzutage beginnt die fünfte Jahreszeit am 11.11. um 11.11 Uhr mit einem Böllerschuss als Auftakt und gipfelt laut und lustig im großen Umzug am Fasnetssonntag, zu dem Zünfte und Vereine aus nah und fern Musikkapellen entsenden und Zehntausende Besucher strömen. Schon eine Woche davor steht die ganze Stadt kopf: Die Narren stürmen beim »Narrensprung« das Rathaus, vertreiben den Bürgermeister und übernehmen die Macht.

Adresse Stuttgarter Straße, 71263 Weil der Stadt, www.weil-de-stadt.de | **ÖPNV** S 6 bis Bf Weil der Stadt | **Anfahrt** A 8 bis Abfahrt Leonberg-West, dann B 295 | **Tipp** Das kleine Narrenmuseum der Zunft in der Stuttgarter Straße ist am ersten und dritten Sonntag im Monat von 13 bis 17 Uhr geöffnet.

106 Die Stadtbefestigung

Zeitreise ins Mittelalter

Viele Geschichten könnte die jahrhundertealte Stadtbefestigung sicherlich erzählen, von der in Weil der Stadt beachtliche Teile erhalten blieben. Bei den Nachtwächter-Rundgängen gehört die Erkundung der historischen Stadtmauer zu den Höhepunkten: Beim Storchenturm findet sich ein begehbares Stück des alten Wehrgangs, und im Roten Turm an der Nordostecke, auch »Diebsturm« genannt, blieb das Verlies erhalten, in dem Schwerverbrecher bis zu ihrer Aburteilung verwahrt wurden. Auch der Seilerturm, wie der Storchenturm und der Rote Turm im 15. Jahrhundert errichtet, diente lange Jahre als Gefängnis. Zur Stadtseite hin ist sein Mauerwerk offen: Diese »Schalen«- oder »Schanzturm« genannte Bauweise sollte verhindern, dass der Turm auch dann noch Deckung gewährte, wenn er in Feindeshand fiel.

Um 1275 zur freien Reichsstadt erhoben, bewahrte sich das Städtchen an der Würm über 500 Jahre die Unabhängigkeit inmitten württembergischen Territoriums, und das nicht nur politisch – in einem überwiegend protestantischen Gebiet blieb der Ort eine katholische Enklave. Erst zu Beginn des 19. Jahrhunderts verlor die Stadt ihre Reichsfreiheit und wurde württembergisch.

Noch heute vermittelt die denkmalgeschützte Stadtbefestigung einen imponierenden Eindruck von der Wehrhaftigkeit, mit der sich die Stadt gegen Eindringlinge zu schützen suchte. Weil aber am Gemäuer der Zahn der Zeit nagt, ist die bereits begonnene Sanierung ein millionenteures Mammutprojekt. Die Kosten übernehmen Kommune und Bund nur zum Teil; denn da sich einige Mauerabschnitte in Privatbesitz befinden, müssen die Eigentümer den Rest finanzieren. Allerdings werden sie unterstützt von der Denkmalstiftung Baden-Württemberg, die mit der Aktion »Bürger retten Denkmale« vornehmlich privates Engagement für den Erhalt von Kulturdenkmälern fördert. Damit im Land noch lange Bauwerke »Geschichte« erzählen können.

Adresse Weil der Stadt, www.weil-der-stadt.de | ÖPNV S 6 bis Bf Weil der Stadt | Anfahrt A 8 bis Abfahrt Leonberg-West, dann B 295 | Öffnungszeiten Führungen: Von April–Okt. finden etwa alle 14 Tage freitags um 21 Uhr Nachtwächter-Rundgänge statt, Treffpunkt am Marktplatz. | Tipp Im Geburtsort von Johannes Kepler erinnern das Kepler-Museum und der Kepler-Planetenweg an den Astronomen, Mathematiker und Naturphilosophen, der als Begründer der modernen Naturwissenschaften gilt.

107 Der Arme Konrad

Net mit uns!

Der Protest gegen Stuttgart 21 wird zumeist als gar nicht zu den »braven« Schwaben Passendes wahrgenommen – das Staunen war groß, dass ausgerechnet im Ländle der »Wutbürger« geboren wurde. Dabei gab es unter den Schwaben schon immer Rebellen, selbst fromme Pietisten waren nicht unbedingt zugleich obrigkeitsfromm.

Und alles andere als lammfromm waren die aufständischen Bauern zu Beginn des 16. Jahrhunderts im Remstal. Hungerjahre, ausgelöst durch Missernten, sorgten für große Not im Land. Als der hoch verschuldete Herzog Ulrich von Württemberg zur Finanzierung seiner Verschwendungssucht und teurer Feldzüge eine neue Steuer einführte und die Maßeinheiten der Gewichte zum Nachteil der Bauern verringerte, erregte dies endgültig ihren Zorn. So begann der Aufstand gegen die Obrigkeit, ein Vorbote des großen Bauernkriegs ab 1525.

Anfang Mai 1514 ruft der Beutelsbacher Peter Gais im Remstal dazu auf, gegen Willkür, Unterdrückung und Ausbeutung zu kämpfen. Bald ging es Bauern, Handwerkern und Tagelöhnern nicht mehr nur um die Steuer, die Herzog Ulrich zunächst zurücknahm, der »Arme Konrad« forderte Gerechtigkeit und politische Mitsprache. »Konrad« steht dabei für »jedermann«, für »Hinz und Kunz«. Angeführt vom Gaispeter wächst die aufgebrachte Menge, wütend über immer neue Frondienste und Einschränkungen, von Tag zu Tag. Einige Wochen lang erschüttert die Revolte das Land in seinen Grundfesten, dann gewinnen der Herzog und die reiche städtische Oberschicht die Oberhand, gesichert durch den Schiedsspruch des »Tübinger Vertrags«.

Als Herzog Ulrich ankündigt, den Widerstand des kleinen Mannes mit militärischer Gewalt niederzuschlagen, gibt der »Arme Konrad« auf. In Schorndorf werden zehn, in Stuttgart sechs Männer hingerichtet. Peter Gais kann fliehen, wird ein Jahr später aber bei Schwäbisch Hall gefasst und bezahlt seinen Einsatz für mehr Gerechtigkeit ebenfalls mit dem Leben.

Adresse Haus Beutelsbach, Stiftstraße 11, 71384 Weinstadt-Beutelsbach | ÖPNV S2 bis Bf Beutelsbach | Anfahrt über B 14 und B 29 | Öffnungszeiten Sa 14–18 Uhr, So 13–17 Uhr, Eintritt frei | Tipp Vor dem Rathaus von Beutelsbach erinnert eine Skulptur von Fritz Nuss an Peter Gais, den Anführer der aufständischen Bauern.

108_Die Besenwirtschaft

Das Ende der Durststrecke

Wann immer der mit bunten Bändern geschmückte Reisigbesen anzeigt, dass geöffnet ist, füllen sich die Plätze, und es wird schnell gesellig eng. Was am Bodensee Rädle, in Baden Kranzwirtschaft und im Rheingau Straußwirtschaft heißt, ist in Württemberg der Besen. Traditionsgemäß öffnen die meisten Besen in den Wintermonaten, wenn die Arbeit im Weinberg weniger wird. Zum selbst angebauten und gekelterten Wein, meist direkt aus dem Fass in Krüge gefüllt, werden deftige Kleinigkeiten vom Schmalzbrot bis zum Vesperteller und einfache hausgemachte Gerichte serviert. In manch einem Geheimtipp ist der Andrang so groß, dass die Gäste im Flur anstehen und bei einem Viertele Roten oder Weißen brav auf einen Platz warten. Früher räumte der Wengerter einfach seine Wohnstube aus oder öffnete den hauseigenen Gewölbekeller, heute gibt es neben urig-gemütlichen Stuben teils auch designtes Ambiente. Denn der Besuch im »Besa«, Inbegriff schwäbischer Geselligkeit, ist angesagt – bei allen Altersgruppen.

Der Brauch der Besenwirtschaften soll schon auf Karl den Großen zurückgehen. Er förderte den Weinbau und gestattete den Winzern, ihren Rebensaft selbst auszuschenken. Allerdings ist diese Direktvermarktung der Weine aus eigenem Anbau heutzutage einem strengen Reglement unterworfen. Ein echter Besen darf nur vier Monate im Jahr geöffnet sein und nicht mehr als 40 Plätze umfassen. Werden Viertele dagegen in professionellen Gaststuben »nach Besenart« ausgeschenkt, ist dafür eine Konzession erforderlich.

Im Remstal jedenfalls hält man am Altbewährten fest. Der zweimal im Jahr für sechs Wochen geöffnete Besen am Schlossberg gehört zum Weingut Sigle, oberhalb des Ortsrands von Großheppach gelegen und umgeben von Obstwiesen und Weinbergen mit phantastischem Ausblick über das Remstal. Für Musikliebhaber stehen hier sogar ein Klavier, Gitarren und Akkordeons bereit – gute Stimmung ist garantiert.

Adresse Schlossstraße 32, 71384 Weinstadt-Großheppach, Tel. 07151/61263, www.weinbau-sigle.de | **ÖPNV** S 2 bis Bf Beutelsbach, von dort 15 Minuten zu Fuß, zunächst Richtung Großheppach, dann Grunbacher Straße und Schlossstraße | **Anfahrt** über B 29 bis Ausfahrt Grunbach / Weinstadt-Großheppach | **Tipp** Der Panoramaweg oberhalb von Großheppach bietet beste Aussichten auf das Remstal und die umliegenden Weinberge.

109 Die Skulpturenpfade

Als wären Rebstöcke nicht genug

Mit seinem malerischen Fachwerkambiente gehört Strümpfelbach zu den schönsten Orten im Remstal. 20 Kilometer östlich von Stuttgart säumen hier stattliche Weingärtnerhäuser die Hauptstraße und drängen sich rund um die Pfarrkirche Sankt Jodokus. Viele der Fachwerkbauten stammen noch aus dem 16. und 17. Jahrhundert.

Wer vom Ort aus zu einem Spaziergang in die Weinberge aufbricht, sollte sich den knapp drei Kilometer langen Skulpturenpfad dafür aussuchen, denn er vereint Kunst und Natur auf das Angenehmste und eröffnet zudem schöne Ausblicke in das Remstal. Ausgangspunkt ist die Bronzeskulptur »Lautenspieler« bei der Strümpfelbacher Gemeindehalle im Kirschblütenweg. Mehr als 40 Werke von drei Generationen der Künstlerfamilie Nuss säumen den Weg: Bronzearbeiten von Fritz Nuss (1907–1999), seinem Sohn, Karl Ulrich Nuss (geb. 1943), sowie Steinskulpturen zweier Enkel von Fritz Nuss, Christoph Traub (geb. 1964) und Felix Engelhardt (geb. 1970).

Die Freilichtgalerie in den Weinbergen besteht aus wirkungsvoll platzierten Figuren, vorwiegend aus Bronze, aber auch aus Stein. Vor den ersten Reben steht schon Bacchus mit prallem Bauch, im Begriff, reife Trauben zu verschlingen. Und weit oben hockt der »Späher« auf einem hohen Pfosten und deutet in die Ferne ...

Der Kunstprofessor und Bildhauer Karl Ulrich Nuss lebt im Remstal und öffnet seine Sammlung mit Werken schwäbischer Impressionisten, Stuttgarter Sezessionisten und der Stuttgarter Moderne aus dem 19. und 20. Jahrhundert auch für Besucher. Und wer aufmerksam durch den Weinort schweift, entdeckt noch weitere seiner Skulpturen – wie die Traubenfrau beim Weingut Kuhnle. Weitere Skulpturen von Karl Ulrich Nuss finden sich beim Naturfreundehaus oberhalb von Strümpfelbach, mit wunderbarem Blick in das Remstal: zehn bronzene Paare, teils in inniger Umarmung, teils neckisch tänzelnd oder in entgegengesetzte Richtungen strebend.

Adresse 71384 Weinstadt-Strümpfelbach, www.weinstadt.de; Museum Sammlung Nuss, Hauptstraße 19, www.karl-ulrich-nuss.de | **Anfahrt** B 14 bis Kernen, rechts auf die B 29 abbiegen, dann erneut rechts über L 1119 und L 1201. | **Öffnungszeiten** Pfad: jederzeit zugänglich; Museum: So 14–17 Uhr | **Tipp** Einkehren kann man (zumindest am Wochenende) im Naturfreundehaus mit einladendem Biergarten (Im Breitgarten 1, April–Okt. Fr, Sa 14–21 Uhr, So 11–21 Uhr, im Winter nur So).

110 Der Jakobusaltar

Ein Mittelalter-Comic vom Hühnchenwunder

Das große Streckennetz der historischen Jakobswege führt durch ganz Europa zum Grab des Apostels in Galizien. Auf der Route von Rothenburg ob der Tauber nach Süden war Winnenden für Pilger im Zeichen der Muschel eine wichtige Station, nicht nur weil sich der Ort für eine Übernachtung anbot. Die einst in Schloss Winnental – heute eine psychiatrische Klinik – ansässigen Deutschordensritter wachten über die Sicherheit der Wallfahrer und boten ihnen Herberge.

Und sie stifteten um 1520 den Hochaltar der Schlosskirche Sankt Jakobus. Bis heute erinnert das geschnitzte Meisterwerk daran, dass Winnenden schon im Mittelalter ein bedeutendes Pilgerzentrum war. Die detailreichen Schnitzarbeiten zeigen Leben und Wirken des heiligen Jakobus, in der Mitte des Altars sitzend abgebildet. Welchen Künstlern das grandiose Kleinod aus Holz zu verdanken ist, möglicherweise Meistern aus Straßburg oder Haguenau im Elsass, weiß man allerdings nicht genau.

Die untere Bildreihe der Altarflügel erzählt das Hühnchenwunder, das sich in Santo Domingo de la Calzada zugetragen haben soll: Eine Familie übernachtet dort in einem Gasthaus. Der Wirt versteckt heimlich einen Silberbecher im Gepäck der Pilger und bezichtigt sie anschließend des Diebstahls, woraufhin der Sohn verurteilt und gehängt wird. Die Eltern eilen zum Grab des Heiligen in Santiago de Compostela und bitten um Hilfe. Auf dem Rückweg, mehr als einen Monat später, hängt der Sohn immer noch lebend am Galgen, denn Jakobus hatte ihn die ganze Zeit an den Füßen gestützt. Die Eltern suchen den Richter auf, doch der glaubt ihnen nicht und deutet auf zwei Hühner am Bratspieß: »Euer Sohn ist so tot wie diese.« Im selben Augenblick wachsen den Hühnern wieder Federn, und sie fliegen davon. Der Sohn kommt frei, an seiner Stelle wird der Wirt gehängt. Heute ist der Ort des Wunders die spanische Partnerstadt von Winnenden.

Adresse Schlossstraße 50, 71364 Winnenden | **ÖPNV** S 3 bis Bf Winnenden | **Anfahrt** über B 14 | **Öffnungszeiten** im Sommer So 14–16 Uhr. Gegen Vorlage eines Ausweises kann der Schlüssel an der Pforte des Klinikums Schloss Winnenden ausgeliehen werden. | **Tipp** Direkt am Marktplatz in Winnenden liegt das »La Piazza«. Neben Kuchen und Eis aus eigener Herstellung gibt es hier auch Pizza, Pasta und italienische Weine (Tel. 07195/9599628).

111 Der Mops

Von Belgrad heim ins Schwabenland

Der Mops gilt nicht nur als aufgeweckt, sondern auch als sehr anhänglich. Er ist genügsam, solange er dabei sein darf und Zuwendung bekommt. Im Verdacht, ein ordentlicher Beißer, Kampf- oder gar Jagdhund zu sein, steht er nicht. Auch wenn Fortuné, das Schoßhündchen von Josephine de Beauharnais, den französischen Kaiser Napoleon, ihren Gatten, ins Bein gebissen haben soll und so Berühmtheit erlangte.

Dabei sein durfte auch der Mops von Karl Alexander von Württemberg (1684–1737). Im Jahr 1717 führte der Herzog die kaiserliche Armee in der Schlacht um Belgrad gegen die osmanischen Truppen. Im Kampfgetümmel des »Türkenkriegs« verlor der Feldmarschall in österreichischen Diensten seinen Hund aus den Augen. Der Mops lief ratlos hin und her, heißt es in den ihm gewidmeten Verszeilen: »In Kriegsgeschrei und Pulverdampf, in Rossgewieher und -gestampf, da sahn sie plötzlich sich nicht mehr.« Im Gedicht wird dem Feldherrn allerdings vorgeworfen, den Hund beim Prahlen mit Heldentaten im Kreis seiner Generäle dann gänzlich vergessen zu haben.

Elf Tage lang soll der treue Vierbeiner gerannt sein, auf seinen kurz gewachsenen Beinen über 1.000 Kilometer zurückgelegt und tatsächlich den Weg zurückgefunden haben. Im Park vor Schloss Winnental wurde zu seinen Ehren daher ein steinernes Denkmal errichtet.

Als Gastgeschenk für das holländische Königshaus kam der »rennende Fußwärmer« Mitte des 16. Jahrhunderts aus China nach Europa. Der spätere König Wilhelm III. von Oranien brachte im Jahre 1688 seine Möpse aus den Niederlanden mit nach England, wo die Rasse zum Modehund der gesamten englischen Aristokratie avancierte. Bis heute werden kaum irgendwo Hunde so sehr geliebt, geachtet und respektiert wie im englischen Königshaus. Die begeisterte Hundeliebhaberin Queen Victoria besaß neben mehr als 100 Collies, Dackeln, Spitzen und Terriern insgesamt 38 Möpse.

Adresse Schlossstraße 50, 71364 Winnenden | **ÖPNV** S 3 bis Bf Winnenden | **Anfahrt** über B 14 | **Tipp** Das Wunnebad ist weit über Winnenden hinaus bekannt – im 50-Meter-Freibecken kann man auch im Winter in angenehm warmem Wasser schwimmen.

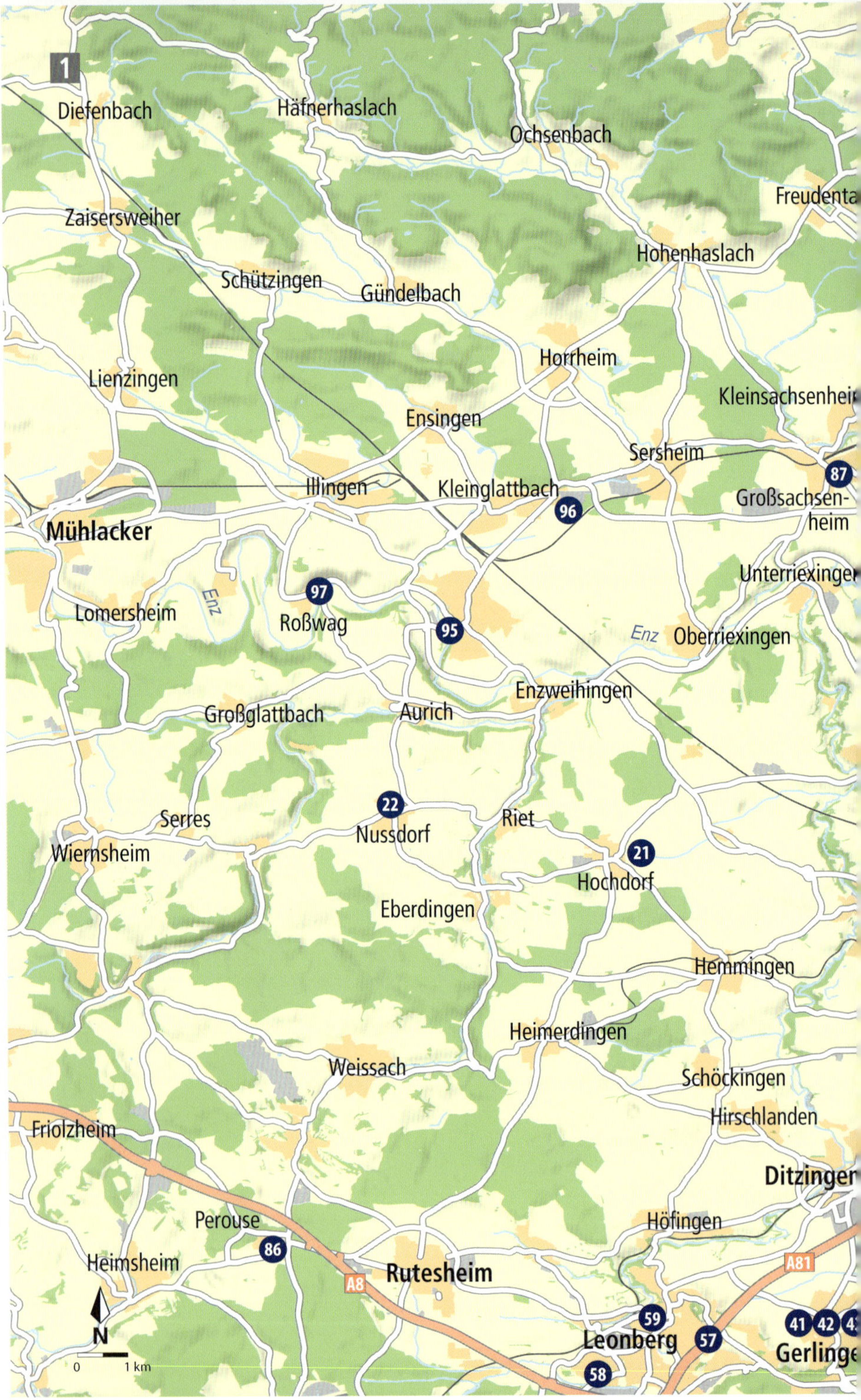

1
Diefenbach
Häfnerhaslach
Ochsenbach
Freudental
Zaisersweiher
Hohenhaslach
Schützingen
Gündelbach
Horrheim
Lienzingen
Kleinsachsenheim
Ensingen
Sersheim
87
Illingen
Kleinglattbach
96
Großsachsen-
heim
Mühlacker
Unterriexingen
97
Enz
Lomersheim
Roßwag
95
Enz
Oberriexingen
Enzweihingen
Großglattbach
Aurich
22
Serres
Nussdorf
Riet
21
Wiernsheim
Hochdorf
Eberdingen
Hemmingen
Heimerdingen
Weissach
Schöckingen
Hirschlanden
Friolzheim
Ditzingen
Perouse
Höfingen
86
Heimsheim
A8
Rutesheim
A81
N
59
41
42
Leonberg
57
Gerlingen
0
1 km
58

2
Bönnigheim
19 20
Kirchheim am Neckar
A81
Oberstenfeld
Gemmrigheim
Winzerhausen
Erligheim
Ottmarsheim
Walheim
104
Löchgau
Mundelsheim
Großbottwar
7
8
Besigheim
Hessigheim
Enz
Kleiningersheim
Höpfigheim
Kleinbottwar
46
Bietigheim-Bissingen
9 10 11
12 14 15
13
Pleidelsheim
Murr
70
Erdmannhausen
38 40
Freiberg am Neckar
39
71 72
Marbach am Neckar
Neckar
Tamm
Affalterbach
Ludwigsburg
61
62 63
64 66 60
65 67
69
68
Poppenweiler
Asperg
Möglingen
Bittenfeld
Hochberg
Remseck am Neckar
chwieberdingen
83 84
Hohenacker
A81
Aldingen
Kornwestheim
Hegnach
Münchingen
Stammheim
Mühlhausen
Neckar
Oeffingen
Korntal-Münchingen
Freiberg
Schmiden
Waiblingen
Zuffenhausen
Neugereut
98 99
100 101
Münster
Fellbach
Feuerbach
34
Rommels-hausen
STUTTGART
33
Rotenberg

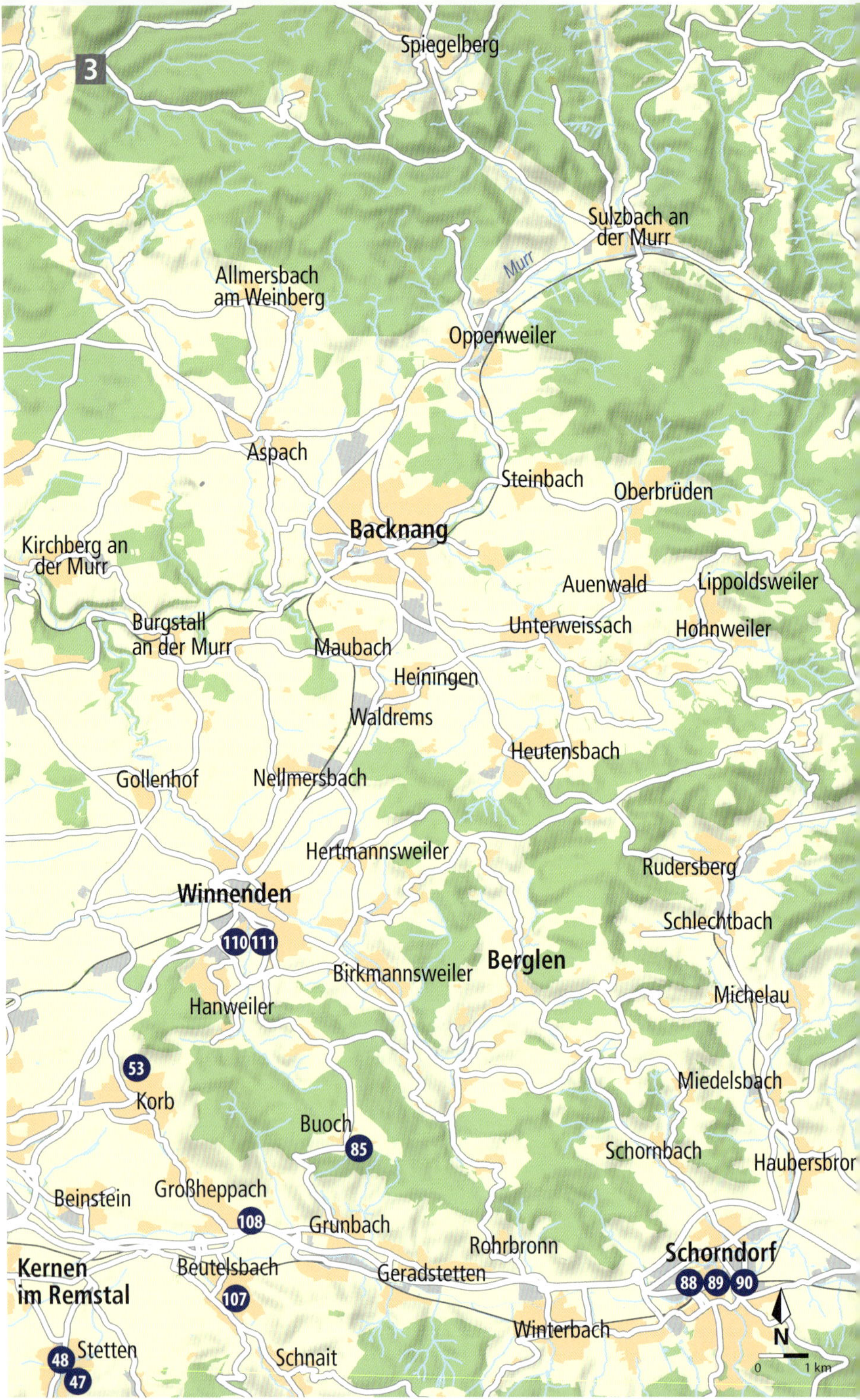
3
Spiegelberg
Sulzbach an der Murr
Murr
Allmersbach am Weinberg
Oppenweiler
Aspach
Steinbach
Oberbrüden
Backnang
Kirchberg an der Murr
Auenwald
Lippoldsweiler
Burgstall an der Murr
Unterweissach
Hohnweiler
Maubach
Heiningen
Waldrems
Heutensbach
Gollenhof
Nellmersbach
Hertmannsweiler
Rudersberg
Winnenden
110
111
Schlechtbach
Birkmannsweiler
Berglen
Michelau
Hanweiler
53
Korb
Miedelsbach
Buoch
85
Schornbach
Haubersbror
Beinstein
Großheppach
108
Grunbach
Rohrbronn
Schorndorf
Kernen im Remstal
Beutelsbach
Geradstetten
88
89
90
107
Winterbach
N
Stetten
48
47
Schnait
0
1 km

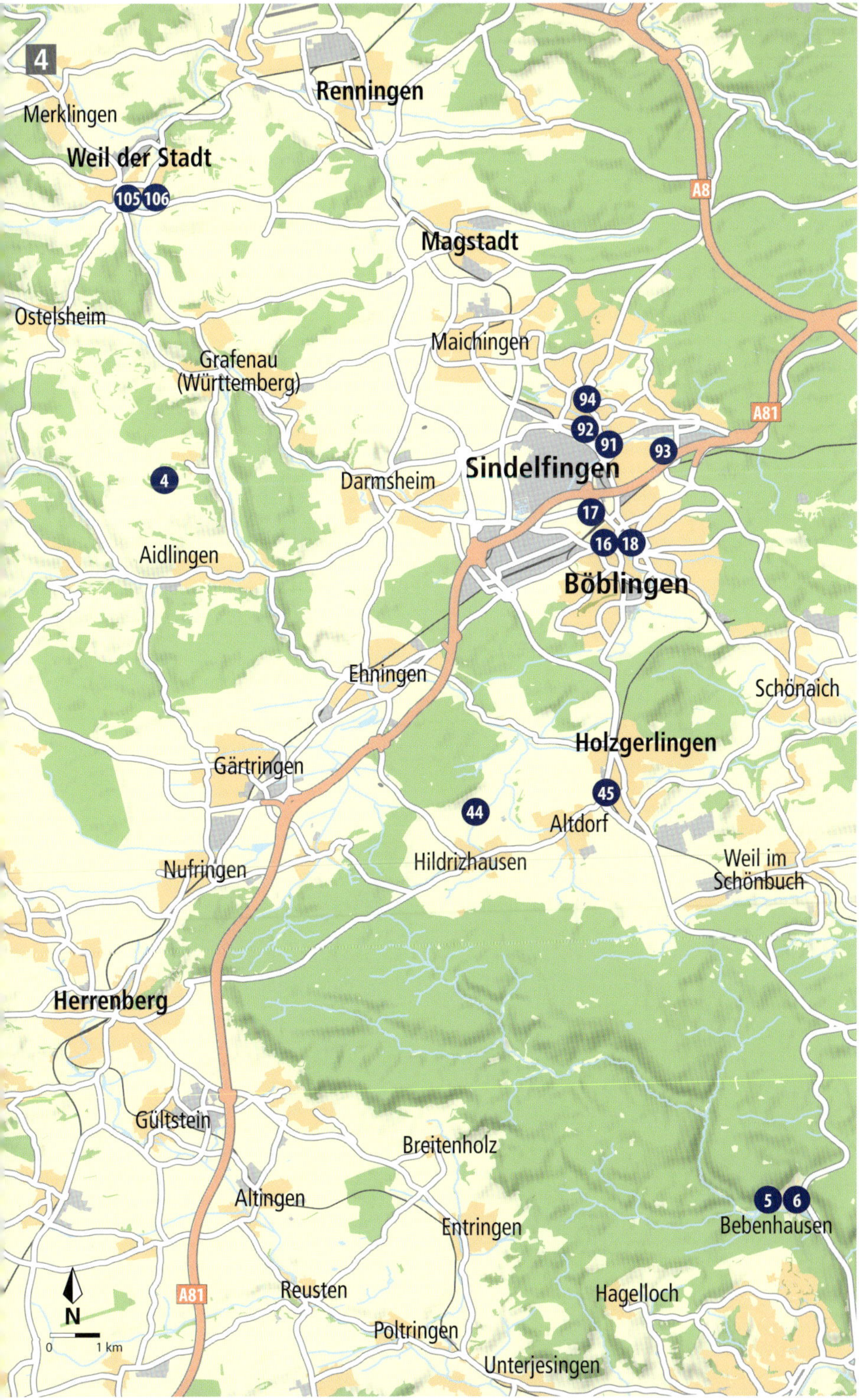
4
Merklingen
Renningen
Weil der Stadt
105
106
A8
Magstadt
Ostelsheim
Grafenau
(Württemberg)
Maichingen
94
92
91
93
A81
Sindelfingen
Darmsheim
4
17
16
18
Aidlingen
Böblingen
Ehningen
Schönaich
Holzgerlingen
Gärtringen
45
44
Altdorf
Hildrizhausen
Weil im
Schönbuch
Nufringen
Herrenberg
Gültstein
Breitenholz
Altingen
5
6
Entringen
Bebenhausen
N
0
1 km
A81
Reusten
Hagelloch
Poltringen
Unterjesingen

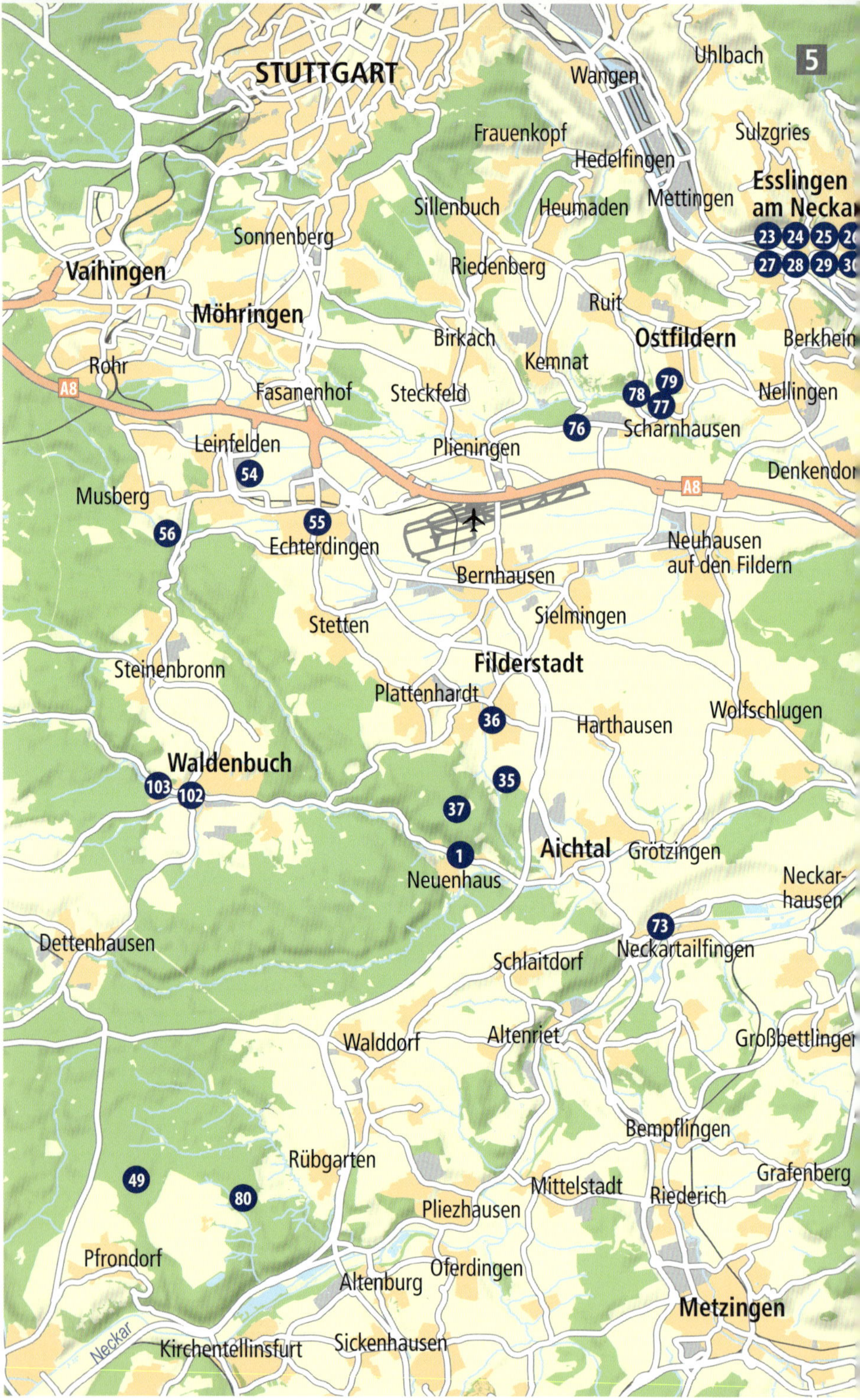
5
STUTTGART
Uhlbach
Wangen
Frauenkopf
Sulzgries
Hedelfingen
Esslingen
am Neckar
Sillenbuch
Heumaden
Mettingen
23
24
25
27
28
29
Sonnenberg
Vaihingen
Riedenberg
Ruit
Möhringen
Birkach
Ostfildern
Berkheim
Rohr
Kemnat
79
78
77
A8
Fasanenhof
Steckfeld
Nellingen
76
Scharnhausen
Leinfelden
Plieningen
54
Denkendorf
A8
Musberg
56
55
Echterdingen
Neuhausen
auf den Fildern
Bernhausen
Sielmingen
Stetten
Filderstadt
Steinenbronn
Plattenhardt
Wolfschlugen
36
Harthausen
Waldenbuch
103
102
35
37
Aichtal
Grötzingen
1
Neuenhaus
Neckar-
hausen
73
Dettenhausen
Neckartailfingen
Schlaitdorf
Walddorf
Altenriet
Großbettlingen
Bempflingen
Rübgarten
Grafenberg
49
80
Mittelstadt
Riederich
Pliezhausen
Pfrondorf
Oferdingen
Altenburg
Metzingen
Neckar
Kirchentellinsfurt
Sickenhausen

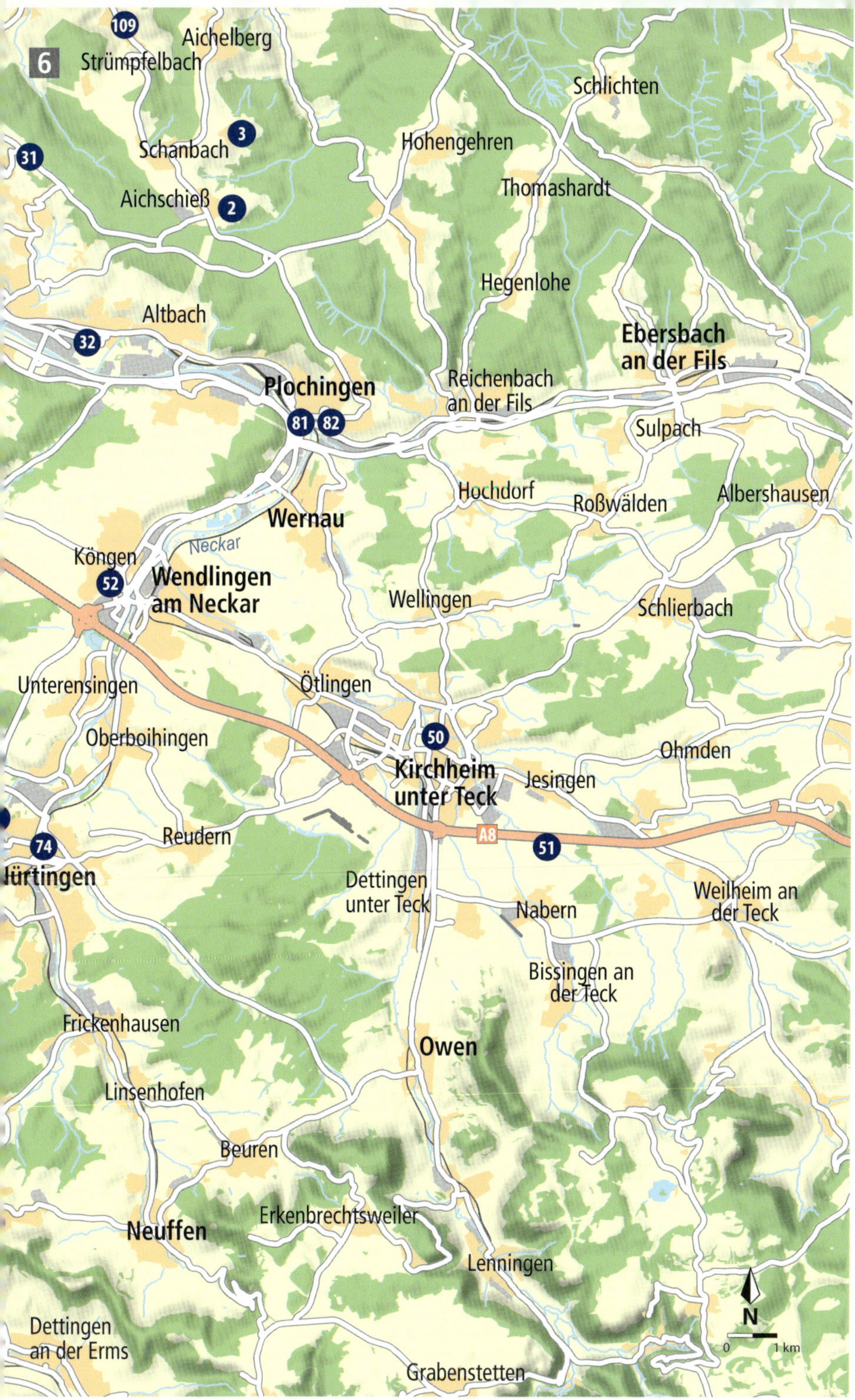
6
109
Aichelberg
Strümpfelbach
Schlichten
3
Schanbach
31
Hohengehren
Thomashardt
Aichschieß
2
Hegenlohe
Altbach
32
Ebersbach
an der Fils
Plochingen
Reichenbach
an der Fils
81
82
Sulpach
Hochdorf
Roßwälden
Albershausen
Wernau
Neckar
Köngen
52
Wendlingen
am Neckar
Wellingen
Schlierbach
Unterensingen
Ötlingen
Oberboihingen
50
Ohmden
Kirchheim
unter Teck
Jesingen
A8
51
Reudern
74
Nürtingen
Dettingen
unter Teck
Nabern
Weilheim an
der Teck
Bissingen an
der Teck
Frickenhausen
Owen
Linsenhofen
Beuren
Erkenbrechtsweiler
Neuffen
Lenningen
N
Dettingen
an der Erms
0
1 km
Grabenstetten

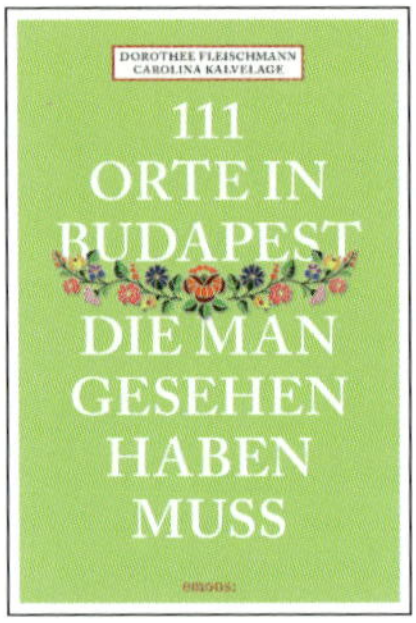

Dorothee Fleischmann,
Carolina Kalvelage
111 Orte in Budapest, die man gesehen haben muss
ISBN 978-3-95451-744-2

Floriana Petersen
111 Orte in San Francisco, die man gesehen haben muss
ISBN 978-3-95451-750-3

Andrea Livnat,
Angelika Baumgartner
111 Orte in Tel Aviv, die man gesehen haben muss
ISBN 978-3-95451-703-9

Oliver Schröter, Falk Saalbach
111 Orte in Zürich, die man gesehen haben muss
ISBN 978-3-95451-538-7

Cornelia Lohs
111 Orte in Bern, die man gesehen haben muss
ISBN 978-3-95451-669-8

Giulia Castelli Gattinara,
Mario Verin
111 Orte in Mailand, die man gesehen haben muss
ISBN 978-3-95451-617-9

Cornelia Ziegler,
Chris Sindermann
111 Orte auf Kreta, die man gesehen haben muss
ISBN 978-3-95451-540-0

Dorothee Fleischmann,
Carolina Kalvelage
111 Orte an der Costa Brava, die man gesehen haben muss
ISBN 978-3-95451-561-5

Jo-Anne Elikann
111 Orte in New York, die man gesehen haben muss
ISBN 978-3-95451-512-7

Ralf Nestmeyer
111 Orte an der Côte d'Azur, die man gesehen haben muss
ISBN 978-3-95451-563-9

Gabriele Kalmbach
111 Orte in Stuttgart, die man gesehen haben muss
ISBN 978-3-95451-004-7

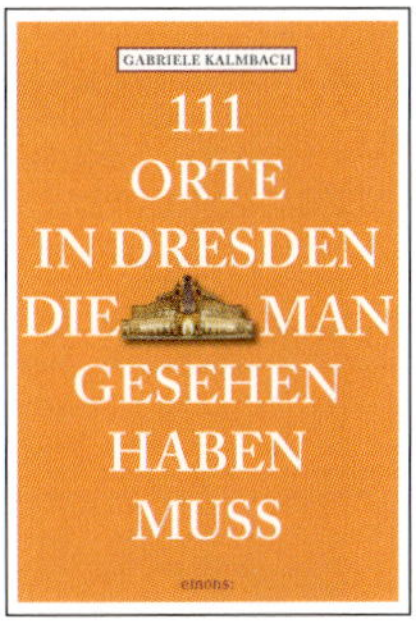

Gabriele Kalmbach
111 Orte in Dresden, die man gesehen haben muss
ISBN 978-3-89705-909-2

Gerd Wolfgang Sievers
111 Orte in Venedig, die man gesehen haben muss
ISBN 978-3-95451-352-9

Eckhard Heck
111 Orte in Maastricht, die man gesehen haben muss
ISBN 978-3-95451-368-0

Petra Sophia Zimmermann
111 Orte am Gardasee und in Verona, die man gesehen haben muss
ISBN 978-3-95451-344-4

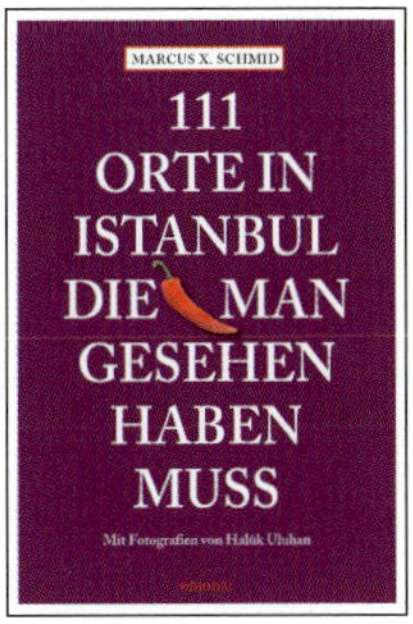

Marcus X. Schmid, Halûk Uluhan
111 Orte in Istanbul, die man gesehen haben muss
ISBN 978-3-95451-333-8

Christiane Bröcker, Babette Schröder
111 Orte in Stockholm, die man gesehen haben muss
ISBN 978-3-95451-203-4

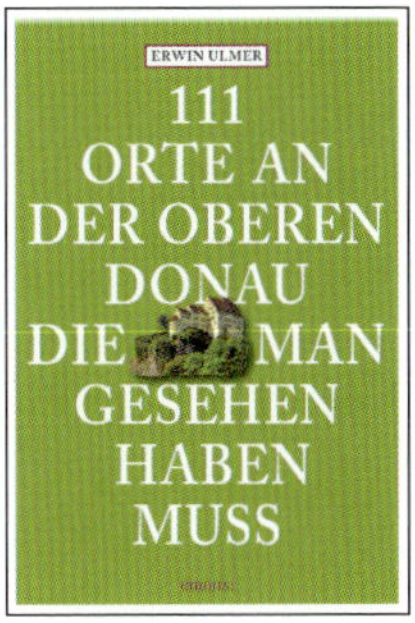

Erwin Ulmer
111 Orte an der oberen Donau, die man gesehen haben muss
ISBN 978-3-95451-494-6

Die Autorin

Gabriele Kalmbach hat bereits mehrere Reiseführer zu Regionen und Städten in Deutschland und Frankreich veröffentlicht, darunter drei Stuttgart-Bände. Ihr zweiter Schwerpunkt sind Kochbücher und kulinarische Themen.

Gabriele Kalmbach
111 Geschäfte in Stuttgart, die man erlebt haben muss
Der ungewöhnliche Shopping-Guide!
ISBN 978-3-95451-745-9